U0926520

商业银行“思维跃迁”系列丛书

CCB

向建行学管理

ADMINISTRATION

孙军正　马　腾　李明哲　著

中国财富出版社有限公司

图书在版编目（CIP）数据

向建行学管理／孙军正，马腾，李明哲著．—北京：中国财富出版社有限公司，2022.5

（商业银行“思维跃迁”系列丛书）

ISBN 978－7－5047－7704－1

Ⅰ.①向…　Ⅱ.①孙…②马…③李…　Ⅲ.①商业银行—银行管理　Ⅳ.①F830.33

中国版本图书馆CIP数据核字（2022）第080207号

策划编辑 谢晓绚　**责任编辑** 邢有涛　沈安琪　**版权编辑** 李　洋

责任印制 梁　凡　**责任校对** 卓闪闪　**责任发行** 杨　江

出版发行 中国财富出版社有限公司

社　　址 北京市丰台区南四环西路188号5区20楼　**邮政编码** 100070

电　　话 010－52227588转2098（发行部）　010－52227588转321（总编室）

010－52227566（24小时读者服务）　010－52227588转305（质检部）

网　　址 http：//www.cfpress.com.cn　**排　　版** 宝蕾元

经　　销 新华书店　**印　　刷** 宝蕾元仁浩（天津）印刷有限公司

书　　号 ISBN 978－7－5047－7704－1/F·3442

开　　本 710mm×1000mm　1/16　**版　　次** 2022年7月第1版

印　　张 10.75　**印　　次** 2022年7月第1次印刷

字　　数 135千字　**定　　价** 46.00元

目　录

第一章
建行人力资源管理体系

银行员工存在的问题

当今时代，中国社会进入“新常态”。在这样的时代背景下，唯有转变思路，才能盘活全局。一些商业银行在“红利期”之后的经营表现令人失望，甚至有个别商业银行面临着经营危机。当然，经营危机的出现是多个方面因素造成的，既有内部因素，也有外部因素。诚然，大环境变化下的外部因素是商业银行管理者无法改变的，但商业银行的经营管理策略可以随之变化。而管理的终极变量在人，而非其他。许多商业银行在提三个经营风险，风险往往与人的职业操守和道德水平有关。商业银行想要在“新常态”的时代背景下有所作为，需要解决人的问题。那么，当前商业银行的员工存在哪些问题呢？

一、缺乏团队意识

当今已经不是单打独斗的时代，而是团队协作的时代。一名员工到底有多少能量可以改变整个银行的管理局面呢？我想靠一名员工改变整个局面是不可能的。许多企业都在打造“战狼团队”，就是要员工发挥狼的精神。狼具备一种能征善战的协作精神，往往在背水一战的关键时刻，将难啃的骨头啃下来。老虎虽然是百兽之王，却常常因为孤军作战而饱受饥饿之苦……不是孤胆英雄没了市场，而是在一个细分细化的时代，任何一个人都无法解决全部问题。即使如此，仍旧有许多银行员工采取“单兵作战”的方式，他们在工作中，不愿意分享自己的资源，遇到问题时也不愿意寻求更好的解决方法。

二、主人翁精神不强

人们经常听到这样一句话：“我就是一个给银行打工的，银行不是我家的，我只不过是领一份工资而已。”事实上，这句话反映出部分银行员工的心态：打工心态。所谓打工心态，就是一种老板出多少钱，员工做多少事的心态。打工者往往喜欢对工作讨价还价，甚至可能为了一点荣誉斤斤计较，所做的一切事情都是围绕自身的利益。持有这种心态的员工往往主人翁意识不强，工作态度消极，通常只围绕自身利益去工作，也难以提升执行能力。换言之，打工心态并不能帮助银行员工获得更多利益。在集体—个人为一体的背景之下，员工只有兼顾集体利益与个人利益，树立主人翁精神，才能改变现状，解决根本问题，获取更多利益。

三、缺少职业规划

许多人总是把明确职业规划的责任转到商业银行组织上，并认为商业银行无法提供职业蓝图。员工与其将这种问题转移到组织上，倒不如从自身寻找原因。许多商业银行每年都要从学校招收毕业生，初入社会的毕业生，本就是白纸一张。因此，银行管理者也要反思：为什么银行留不住人才？为什么有些员工特别在乎自己的眼前利益？为什么许多员工面对问题事不关己高高挂起呢？我想，商业银行应该给年轻员工，尤其是给“90 后”“00 后”员工规划职业蓝图，并且在个人职业规划方面给予适当引导，让这些年轻的银行员工有奔头、有希望。

四、缺乏行动力和执行力

一些银行员工给人一种“懒洋洋”的感觉，没有行动力，也缺少执行力。没有行动力，执行力也就无从谈及；没有执行力，银行管理就会遭遇阻力。与国内一些商业银行不同的是，许多外资银行呈现出完全不同的状态，即员工行动力强、执行力好。如果商业银行员工缺乏行动力和执行力，就无法贯彻商业银行的相关命令，执行的效率就会变低，容易向银行用户传递负面印象，不利于商业银行的后续发展。

五、缺乏奉献精神

有人说：“奉献决定组织存亡。”只有组织成员无条件付出，才能打造出有凝聚力的团队。如果团队成员私心很重，缺乏奉献精神，人人都想偷懒，就无法给组织带来效益。商业银行管理差，执行效率低，盈利能力弱，极有可能是银行员工缺乏奉献精神所致。此外，如果银行管理不到位，员工会产生懈怠感，无法提升银行员工的积极性，就无法提升管理绩效。

六、思想保守，不求进步

在多变的市场面前，一些商业银行往往会选择一种以不变应万变的管理经营模式，但是，这样做不是因为没有更好的办法，而是因为缺乏改革求变的勇气。如果一名商业银行的决策者思想保守，其打造的队伍也将是一支保守的队伍，一支不敢冲锋陷阵、不求进步的队伍。如果商业银行的员工不幸感染了这种思想保守、不求进步的“病毒”，就会加剧这种现状，使商业银行的管理制度执行举步维艰。

以上六点，就是商业银行员工存在的问题。但是这些问题背后的原因，更加令人深思。有一些商业银行，在银行管理方面面临诸多问题，许多员工也有上述问题。这些商业银行针对问题又是如何错误处理的呢？

第一，没有相关处罚措施。

如果一家商业银行在处理员工问题时采取的是放纵式管理，即员工无论做错了什么，都会被谅解，或者只会被简单处分，无关痛痒，无法起到应有的震慑作用。换言之，银行员工可能会变本加厉，或者有恃无恐，坚持自己的错误行为。

第二，处理方式简单粗暴。

有一些商业银行会处理现存问题，但是处理过程简单粗暴，甚至可能会直接开除员工，制造出一种紧张的管理局面。管理者与员工之间存在隔阂，管理者的行为不被员工理解，在员工看来，管理者总是“挑刺”和“找毛病”，这会让整个管理执行通道发生堵塞。这种简单粗暴的处理方式往往令银行员工寒心，银行员工可能会因此选择更加保守、自私、合乎安全逻辑的工作方式，不求有功，但求无过。

第三，盲目追求效益而忽略行为管理。

一些商业银行在业绩下滑的情况下，通常会选择一种“轻管理、重业绩”的管理模式，这种管理模式往往忽略银行员工的工作行为，进而导致其他问题的产生，久而久之，就可能引发重大问题，甚至到一发不可收拾的地步。

商业银行存在的问题，既有员工的问题，也有管理者的问题，既有显性问题，也有隐性问题。只有找到问题和症结所在，才能解决银行管理问题，提升绩效。

建行基层员工行为管理

不同的商业银行管理方式不同，有的商业银行对基层员工的行为管理严格，有的商业银行对基层员工的行为管理较松。难道管理越严越好吗？所谓严，并不能体现管理效果。以家庭管理为例，有的父母对子女的要求非常严格，跟子女沟通较少，命令较多。最后的效果却不尽如人意。在基层员工的行为管理方面，建行确实有值得学习的地方。

一篇名为《建行各支行强化员工行为管控和案防合规工作 促进业务发展》的文章指出：春节过后进入旺季营销业务繁忙时期，建行济阳支行召开中层人员以上会议，重点强调合规经营，促进业务发展，落实四项措施，切实加强全行干部员工时刻紧绷案防合规工作。一是进一步学习了《员工违规处理办法》，让员工把遵纪守法铭记在心，时刻不忘合规。二是各部门负责人切实落实“两个责任”，加强纪律和作风建设，促进廉洁从业；切实履行“一岗双责”，把员工行为管理和案防合规工作常态化，融合到具体工作中；在业务营销的每个环节都不忘加强案防合规管理。三是强化案防合规机制，支行案防合规工作领导小组要高度负责，加强对案防合规工作的组织领导和协调。四是纪检监察特派员切实履行监督执纪问责职责，对支行部门负责人落实“一岗双责”开展日常监督检查，并经常到各部室、网点进行坐班督查，及时发现问题，及时防范，强化员工行为管控和案防合规工作。

从上述内容中不难看出，建行各分支银行非常重视基层员工的行为管理，其管理主要涉及以《员工违规处理办法》为准则，对基层员工行为进行考察和约束，加强纪律建设，把员工行为管理和案防合规工作常态化，建立具体而有效的防范机制。换言之，这是一套秉承科学管理态度、行之有效的员工行为管理模式，不仅体现了管理的科学性，更证明了科学管理的有效性。当然，上述内容主要是针对商业银行三大风险中的“合规风险”的。下面将具体介绍建行是如何管理基层员工行为的，有哪些地方值得其他商业银行学习。

一、建行基层员工行为特点

建行基层员工行为特点与其他银行基层员工行为特点几乎相同，缺点也大同小异，具体表现在单打独斗、没有团队精神、缺少奉献精神、自私自利、存在道德安全隐患等方面。一些基层员工不遵守规章制度，越界越权。一些员工借助监控漏洞打擦边球。银行是一个与钱打交道的单位，有时会有个别员工私心膨胀，甚至不惜铤而走险，制造“金融犯罪案件”，这些案件涉及的业务，既包含信贷、财会、柜面等传统业务，也包含理财、票据等新兴业务。这些案件和违法犯罪行为不仅会给银行造成重大的经济损失，还会形成严重负面形象，给银行带来严重的声誉风险和信誉风险，对业务发展造成阻碍。一些基层员工工作不积极，归属感差。一些基层员工看不到自己的未来蓝图，找不到人生规划，纷纷选择跳槽。优秀员工的流失，也是建行的损失。以上这些基层员工行为，既存在于建行，也广泛存在于其他银行。

二、建行曾经存在的管理问题

任何一个银行，都曾或多或少存在管理问题，只是有些银行通过不断改善，逐步提升管理强度和管理质量，亡羊补牢，及时解决了问题。建行曾经也有过一段灰暗时间，即管理不到位，存在漏洞，缺乏积极有效的管理措施和方案等，具体体现在以下几个方面。

1. 管理体系不健全

如果没有健全的管理体系，就会出现许多问题，具体包括管理措施失效，管理考核不健全，缺乏监督力等。建行也存在过这些问题，无法有针对性地解决员工的不良工作行为。因此，管理处处陷入被动，难以约束基层员工行为，处于一种“不可控”的风险之中。

2. 管理执行力不够

影响管理执行力的因素有很多，建行也曾经存在管理执行力不够的问题。执行力的问题无法解决，就无法“治病”。建行曾经存在“重业务轻管理、重任务轻关怀、重考核轻激励、重业绩轻风险”的管理现象，这会产生问题，会影响基层员工行为管理执行力。

3. 缺乏问责机制

车丕湘在人民论坛网刊发了一篇名为《当前基层问责机制及体系建设存在的问题》的文章，文章指出：当前基层问责机制不灵活、问责体系不健全，既有主观原因，也有客观原因。归纳起来，主要有以下几个方面。在问责关系上，没有解决好谁问谁的问题；在问责主体上，没有解决好谁来问的问题；在问责客体上，没有解决好问什么的问题；在问责方式上，没有解决好怎么问的问题。其实，曾经缺乏问责机制的建行，也存在以上四个方面的问题。

三、建行的解决方案

出现问题，就要想办法解决问题。建行针对基层员工行为中存在的问题，逐渐完善了管理，建立了一套值得许多商业银行以及其他企业组织学习的方案。

1. 健全管理体系

就像前面所讲，如果一个银行缺少相关的管理体系，就会出现严重的管理问题。建行痛定思痛，健全管理体系，借助体系完善管理，提升管理的安全等级，并实现对员工行为的管理。

2. 提升管理执行力

如果存在执行力不足的问题，就需要进一步提升执行力，强化落实力，才能解决相关问题。提升管理执行力是一种强硬的管理办法，虽然属于“笨办法”，但是十分奏效。建行采取了这种管理办法，通过提升管理执行力解决基层员工行为管理方面的问题。

3. 健全问责机制

基于以上提到的几个问题，建行通过健全问责机制，提出了解决方案，即在问责关系上，解决谁问谁的问题；在问责主体上，解决谁来问的问题；在问责客体上，解决问什么的问题；在问责方式上，解决怎么问的问题。

除此之外，建行积极打造企业文化，通过企业文化建设，让基层员工感受到组织的温暖，在提升其归属感的同时，提升基层员工的综合职业素养。

建行多措施强化员工思想行为管理

俗话说："管得住一个人的行为，却管不住一个人的心。"这是怎么回事呢？在这个世界上，唯有人心最难管理。企业组织想要让众多员工爱企如家，是一件非常困难的事情。如今，各种各样的管理方式层出不穷，有的管用，有的不管用。在这些管理方式中，有一种叫作思想管理。思想管理是成体系的，它涉及人、事、物三大元素。思想管理最初用于客户管理，如今也有许多企业组织将其运用到组织管理中，取得了非常好的效果。建行在强化员工思想行为管理方面有自己的独到之处，非常值得广大商业银行借鉴和学习。那么，建设银行在强化员工思想行为管理方面，都有哪些值得称道的措施呢？

一、营造良好的工作氛围

如果一个企业组织，没有良好的工作氛围，恐怕也就无法给员工带来良好的工作环境。某商业银行的一名业务骨干在主动申请离职的时候说："我们银行的工作氛围非常不好，人人都有巨大的思想压力和任务压力，而且我们的领导对员工不冷不热，从来不关心自己的下属……在这样的环境下工作，我感到十分压抑。"不良的工作氛围，可能引发多种问题。尤其当前，许多商业银行正在转型，员工压力巨大，如果管理者无法营造良好的工作氛围，可能会导致人才流失，引发一系列的严重问题。建行在营造良好的工作氛围方面，有独特的做法。

1. 以人为本

许多企业组织，虽然打着以人为本的旗号，却没有做到这一点。建行始终坚持以人为本的管理，营造良好的人力环境，而不是刻意坚持机械化的、冰冷的流程，建行讲究人性管理，让基层员工感受到建行的温暖。有了温暖和安全感，员工的归属感也会提升。

2. 科学沟通

管理是什么？管理的本质是管人。管理的过程，就是与人打交道的过程。因此，组织管理离不开沟通。建行在管理方面，特别注重沟通。用沟通的方式解决问题有助于消除基层员工的思想压力。商业管理大师戴尔·卡内基曾说：“将自己的热忱与经验融入谈话中，是打动人的速简方法，也是必然要件。如果你对自己的话不感兴趣，怎能期望他人感动？”沟通是一味管理良药，也是解决问题的极好方式之一。建行在营造良好的工作氛围过程中，积极采取科学沟通的方式，取得了良好效果。

3. 关注员工切身利益

许多企业组织过于关注整体利益，却忽略员工利益。有一家企业在员工思想行为管理方面做得非常好。这家企业老板说：“员工是企业的台柱子，没有员工，也就没有企业。如果企业的台柱子利益受损，就是企业的利益受损。”员工的切身利益就是企业的切身利益。建行深谙此道，针对员工切身利益，出台了相应的保护性方案，保障员工的切身利益。

二、打造和谐团队

如今，许多企业都在打造和谐团队。如果团队不和谐，就会产生问题。在我国，许多商业银行都有自己的团队，每一家银行都有自己的“建团”方式。建行在打造团队、运营团队、管理团队方面也有值得学习的地方。

1. 以岗选人

打造团队的一个核心是让最适合的人出现在最适合的岗位上。企业组织有固定的岗位，因此要按照以岗选人的方式进行招聘。在岗位人员的甄选方面，企业组织要充分考虑团队成员的个性和特长。在这一方面，建行的做法是非常值得称赞的。

2. 完善激励机制

运营管理团队时，管理者只靠吆喝和打鸡血是不够的。有人说：“鸡血打一两次管用，次数多了，就会失效。”打鸡血不是激励，激励应该是实实在在的，能够给努力奋斗的银行基层员工带来精神上的满足和物质上的实惠。建行拥有完善的激励机制，只要基层员工完成任务，实现目标，就会拿到奖励。打造并运营管理银行队伍，需要像建行一样拥有完善的、科学的激励机制。

3. 健全职业晋升制度

一名银行基层员工如何才有盼头？山东某家大型企业的企业家说：“想要让员工跟着你干，就要让他看到希望，看到有出人头地的那一天；还要让他知道如何才能晋升，晋升之后享受到的待遇。”是的，基层员工有了盼头，才会积极努力，充分调动自己的工作积极性，在团队中发挥更重要的作用。建行深刻意识到了这一点，管理者早已健全了职业晋升制度，该制度也是确保团队发展的核心。

三、其他管理措施

建行是我国名列前茅的综合银行，尤其在管理方面，有自己的特色。在基层员工思想行为管理方面，建行既有卓有成效的经典管理措施，也有诸多的创新管理措施，值得其他商业银行学习并借鉴。

1. 思想行为排查

虽然思想行为排查并不是一项创新举措，却是一种非常经典的基层员工思想行为管理措施，虽然工作烦琐，但十分奏效。许多企业组织盲目追求新措施，而忽略经典有效的管理措施，这是非常可惜的。与其他银行相比，建行始终采取这样的措施，解决基层员工思想行为管理的问题。

2. 打造员工思想行为提醒制度

建行的员工思想行为提醒制度主要体现在“五个必谈”。“五个必谈”包括提拔干部任前谈、日常工作定期谈、廉洁风险提醒谈、针对问题专题谈和重要节日提前谈。2020 年年底，建行河源市分行开展“五个必谈”。负责人介绍：要围绕重点岗位和关键环节，认真开展廉洁风险点排查工作，对领导干部开展经常性廉洁谈话，对新任用提拔干部和新入职人员有针对性地开展廉洁谈话，强化廉洁自律意识。

以上三个方面，就是建行基层员工思想行为管理的核心所在，这些都是经过管理实践证实的行之有效的管理措施，非常值得推荐和分享。

建行人力资源管理体制的变革

如今，许多行业都在进行人力资源管理体制的改革。随着时代的发展，人力资源管理要与时俱进。人力资源管理是企业组织的关键，管理大师德鲁克曾经在《管理的实践》一书中表示：人力资源和其他所有资源相比较而言，唯一的区别就是它是人。管理即人，人力资源管理就是管理的本质。通常来讲，人力资源管理主要包括六个方面，即招聘与人力资源规划、人力资源配置、人力培训与开发、绩效管理、薪酬管理和劳动关系管理。每一个企业组织在人力资源管理方面，都无法绕开这六个方面。因此有人问："银行人力资源管理体制还有变革的必要吗?" 事实上是有必要的，建行在这方面做得非常出色。

一、建行人力资源管理所遭遇的问题

所谓"吃一堑长一智"，这似乎是老生常谈。建行并不是从一开始就有能力解决所有的问题，也经历了一个漫长的进化过程。建行在人力资源管理方面，也曾出现过较为严重的问题，而这些问题几乎在所有的银行里都出现过。

1. 人才队伍整体素质偏低

早些年，商业银行中真正从金融专业毕业的员工少之又少，从

本质上看，缺乏专业技能的员工，很难为客户提供高质量的、专业的金融服务。有些员工虽有专业经验和技术，但时刻经历道德考验，有的员工能够安全通过考验，但有的员工不能，倒在职业道德之外，给银行带来较大损失。总体来看，虽然银行不断提升专业人员的数量和岗位占比，但是仍旧存在人才队伍整体素质偏低的情况。如今，商业银行需要复合型人才。在人力资源管理体制改革之前，建行也曾存在人才队伍整体素质偏低的问题。

2. 人才流失严重

前面简单提及了人才流失对金融企业的影响。有人说："金融企业不是科技型企业，只是服务型企业，对人才的需求不是很大。"事实上，商业银行是非常专业的金融组织，需要金融以及服务方面的复合型人才。建行同样存在人才流失现象，造成人才流失的原因都有哪些呢？通常来说，有六个方面的原因。一是个人因素，银行员工有了更高的追求，而选择跳槽；二是银行不重视人才；三是福利水平整体偏低，员工对薪酬和福利存在微词；四是工作岗位不稳定，此类情况在某些商业银行网点也是存在的；五是晋升制度存在问题，许多员工看不到晋升希望，只能选择离开；六是缺乏良好的企业文化，员工对企业认同感不强，归属感较差，因此选择离开。如果一个企业组织人才流失严重，就会引发"人才贫血症"，给企业组织造成较大损失。建行也曾遭遇人才流失严重的问题。

3. 人力资源管理水平较低

决定人力资源管理水平的因素有很多。曾经的建行也面临过这方面的问题。第一，建行的人力资源没有按照市场化的要求去配置，导致银行基层员工所掌握的实际能力与市场化需求存在差异。第二，与人力资源相关的考核不到位，考核制度不健全。第三，缺乏必要的激励制度，员工得不到及时有效的激励。第四，基层岗位缺乏必要的监督措施，个别员工工作懈怠，工作效率较低。

以上就是建行在发展建设过程中，曾经存在的人力资源管理问题。但是随着时代的发展，以及建行在管理方面的改革与创新，建行建立了一套行之有效的管理模式。

二、建行人力资源管理体制变革的具体方法

建行是一家大型国有银行，也是中国银行界、金融界的示范单位。经过多年摸索与实践，建行拥有了一整套管理体系，完成了人力资源管理体制变革。

1. 尊重人才

管理的第一要务，就是尊重人才。管理者尊重员工，员工才愿意听从管理者的指挥。建行是一家非常尊重员工的银行，把尊重员工放在重要位置。叔本华表示：要尊重每一个人，不论他是何等卑微与可笑。要记住活在每个人身上的是和你我相同的性灵。事实上，企业组织只有尊重人才，才能解决人力资源问题。尊重人才、注重员工，看上去似乎不是变革人力资源管理体制的方法，却是方法之中的方法，往往容易被企业组织的管理者所忽略。

2. 人才兴行战略

有人说：“有了人才兴行战略，然后才有其他……”几乎每一家银行都有人才兴行战略，建行的人才兴行战略制定较早，并且取得

了很好的成绩。早在 2014 年，《建行东莞市分行实施“人才兴行”战略见成效》这一文章写道：每年定期组织后备管理干部人才的公开选拔竞聘活动，通过综合素质面试、民主测评、公示公告、征求纪委意见等程序，择优选拔了 100 多名年轻、有活力、综合素质较高的优秀人才进入管理干部后备人才库，后备人才的来源涵盖了本部和支行、经营和管理、公司和个人等业务条线的优秀人才。同时，择优选拔了部分综合素质较高、业务能力较强的后备人才充实到基层支行任职锻炼，进一步丰富后备人才的工作经验，提高后备人才驾驭、处理复杂局面的能力。这说明了建行是如何践行人才兴行战略，并体现了该战略显著的效果。

3. 健全人力资源管理部门

针对前面提到的一些问题，建行逐渐健全了人力资源管理部门，扭转了人力资源管理不重要的错误认识，解决了具体的人力资源管理问题，并且由专业人员负责相关工作。与此同时，人力资源管理部门联合银行多部门，优化人力资源配置，让最适合的员工到最适合的岗位工作。

4. 加强教育培训

针对基层员工整体职业素养不高、专业技术不强的问题，建行加强教育培训，并且聘请国内顶级培训师团队对基层员工进行培训，提升基层员工的综合能力。另外，建行支持并鼓励基层员工接受继续教育或者参加培训，正如《建行东莞市分行实施“人才兴行”战略见成效》所写：2014 年以来，建设银行东莞市分行针对专业技术五六级人员首次实施了体验式管理培训，该培训一改以往惯例的说教式培训模式，化纸上谈兵为实战训练，旨在通过体验管理，逐步实现学员的职业生涯发展规划，以此提升分行的综合服务力和价值创造力。对建设银行东莞市分行来说，这种体验式管理是对其传统培训模式的大胆创新和突破。在培训过程中，首先是在支行网点开展业务及管理知识集中培训；其次是进行为期一周的支行网点体验管理及调研；再次是形成学员对单个网点的个人调研报告和小组对中心支行的集体调研报告；最后是向市分行行长办公会专家组汇报调研成果，汇报人由现场抽签的方式确定，做到人人有机会，个个不落空，对分行人才发展起到了良好的“育苗”作用。

以上四种方法都是非常传统、科学的方法，也是可以借鉴的方法，更是行之有效的方法。其他银行完全可以在这些传统、科学的方法基础上，大胆创新，发现并萃取新的管理办法，解决人力资源管理方面存在的棘手问题。

建行员工流失问题及对策

人才流失问题也是当下商业银行面临的一个较为严重的问题。众所周知，人才是一个企业组织生存发展的关键因素，留不住人才，企业组织的竞争力就会下降。如今，金融行业正处于转型期，许多商业银行没有很好适应时代的发展，或者正在经历转型的阵痛。一部分优秀人才不满足于现状，选择转行或跳槽，给商业银行转型带来了严重的阻力。曾经有一位银行行长说：“当我看到优秀员工递交辞呈，选择去待遇更好、发展空间更大的互联网金融公司，我内心非常不是滋味。”这番话非常无奈，面临这样的现状，尤其面对人才争夺战，留不住人才，企业组织等同于打了一场败仗。企业组织不仅要招贤纳士，还要想尽办法留住现有的人才，这才是解决员工流失问题的关键所在。

前面简要提到了建行曾经面临的员工流失问题，那么造成这一问题的主要因素有哪些呢？建行在应对员工流失问题方面又有哪些相关对策呢？

一、银行员工流失的具体因素

1. 员工无法适应当前时代的发展与转型要求

有许多员工在基层工作多年，已经适应了稳定的、和谐的、没有挑战的氛围。如果商业银行进行业务改革，或者采用人工智能等技术，就意味着对基层员工提出了更高的要求。如果基层员工无法适应当前时代的发展与转型的要求，就可能被淘汰。在这种情况下，有些员工会选择离职，还有一些员工被分配到其他岗位上，可能会产生岗位冲突。商业银行必然要经历这样的阵痛，这也是一种“脱胎之痛”，具体表现为员工离职，相关人才流失。

2. 薪资达不到要求

越来越多的民间金融企业进入金融领域，也打响了一场残酷的商业战争。与此同时，优质的民间金融企业求贤若渴，将“手”伸向了商业银行，以高薪挖掘相关人才。如果商业银行给予的薪资待遇达不到人才的要求，人才就会选择薪水更高、福利更好的金融企业谋职。

3. 缺乏准确定位

如果一个企业组织管理者，盲目地将员工离职和人才流失归咎为“道德缺陷”，是偏颇的，也是不公平的。当一名员工选择了银行，银行就需要对他的人生负责。如果员工在人生之路上感到迷茫，或者对人生定位不准，就需要商业银行管理者的帮助。但是，许多商业银行管理者并不重视这方面，没有给员工设计出科学的人生规划和晋升蓝图。在这样的商业银行工作，员工就像一只无头苍蝇，时间久了，员工很可能会选择离职。

4. 缺乏相关防控措施

某商业银行员工因工作压力与收入不成正比，选择跳槽。该员工跳槽之后，其薪水、福利待遇等都有了较为明显的提高。听闻该员工的现状后，该商业银行其他员工也纷纷想跳槽，换一换工作环境。在这样的情况下，商业银行管理者应该出面解释，或者通过推行相关措施化解危机。但是，该商业银行管理者没有这样做，其选择视而不见。随着事件发酵，约有五分之一的员工写辞职信，选择离职。员工离职数量较多，且均为重要岗位员工，更有个别业务人员在离职时带走了客户资源，导致该商业银行损失惨重。因为缺乏相关防控措施，员工离职与人才流失问题一直没有得到妥善解决。

二、建行的相关对策

建行是一家走在改革前沿的金融企业，不断完善管理，不断推出新方法，在提升管理执行效率的同时，留住人才，打造属于自己的人才库。留住人才，让人才在岗位上发挥能量，才能确保建行在发展之路、创新之路、改革之路上不掉队。面临时代考验，建行打造了一套防止人才流失的体系，具体情况如下。

1. 激励

激励并不等于奖励，激励分为正面激励和负面激励。通常来讲，激励与绩效挂钩，基层员工的工作产出与其经济利益等成正比。建行的激励机制为精神激励与物质激励相结合，它将薪资水平与业绩水平有效结合，继而实现了物质刺激的外向性作用。除此之外，建行树立榜样，借助榜样的力量激发基层员工的工作潜能。

2. 指导

如今，许多商业银行将“教练技术”引入人力资源管理，员工学会了“教练技术”，可以实现科学的自我管理。当然，这仅仅是其中一个方面。建行顺应时代潮流，不仅对基层员工给予技能指导，而且帮助其进行人生规划。接受指导的基层员工，不仅掌握了更加先进的技术，而且有了明确的自我定位，还提升了组织归属感。指导的意义远不止这些，日复一日指导还会产生一种叠加效应，在建行形成一种“传、帮、带”文化。

3. 优化

现实中，几乎所有的商业银行都有自己的管理制度和管理方案，只是或多或少存在漏洞。例如，有的管理方案已经过时，不再适用于当今时代的发展。建行对这些管理制度和管理方案进行优化，尤其是对薪资方案进行优化，更加体现出岗位的价值，突出员工在岗位工作中的贡献。这样的优化，不仅给员工喂了一颗“定心丸”，还体现了以人为本的精神。

4. **共创**

共创有许多理解方式，建行提出共创是为了鼓励价值共创，强化员工忠诚度。“价值共创”是一个新词，建行通过价值培训，让员工感受并意识到自己是集体中的一员，也是集体不可分离的部分。共创体现了团队精神，也是扁平化管理模式的体现。建行的这一模式，不仅留住了人才，而且对外部的金融人才有着强大的吸引力，可谓一箭双雕。

激励、指导、优化、共创是建行在挽留人才、防止人才流失方面萃取出的宝贵经验。激励、指导、优化、共创的相关模式，完全可以“嫁接”到其他商业银行，供管理者学习借鉴。

建行员工道德操守教育

对于一个企业组织而言，员工的道德操守决定着企业组织的稳定性。因此，许多企业组织都在加强员工的道德操守教育。著名作家克雷洛夫表示：守法和有良心的人，即使有迫切的需要也不会偷窃，可是，即使把百万现金给了盗贼，也没法儿指望他从此不偷不盗。什么是道德操守？道德操守等同于守法和有良知。如果一个企业组织的员工缺乏道德操守，就会给企业组织带来经营与管理上的风险。众所周知，许多企业都出现过道德风险造成损失的案例，甚至个别重大案例给商业银行带来了不可挽回的损失。企业管理就是管好人，让每一名基层员工远离犯罪，坚守职业道德，做商业银行最可靠的后盾。

为规范员工的职业行为，教育和引导员工自我约束，提高员工职业素质和职业道德水准，建行制订了《中国建设银行员工职业操守》，其涵盖七章，除了第一章总则和第七章附则，每一章都包含了一个重要的方面。

一、忠于职守，诚实守信

《中国建设银行员工职业操守》是这样写的：员工应当忠诚建设银行，诚实守信，从建设银行的最佳利益出发，忠实履行职责，勤勉谨慎开展工作。员工应加强业务学习，提高金融业务能力和知识水平；努力进取，求实创新，积极提出建设性意见和合理化建议。员工应当树立奉献精神和大局观念，积极维护建设银行利益。忠于职守是一名员工的责任，也是衡量一名员工的做人标准；诚实守信更是一个人的做人标准，也是社会的道德风向标。

二、依法合规，遵章守纪

《中国建设银行员工职业操守》是这样写的：员工应当主动学习和掌握与本岗位有关的法律法规和建设银行规章制度，养成遵章守纪、合规操作的意识和习惯，自觉遵守法律法规和建设银行规章制度。建行员工人手一本《中国建设银行员工职业操守》，这是建行提出来的基本准则，建行定期组织学习。依法合规，就会避免合规风险，而遵章守纪更是员工行为基础。

三、廉洁从业，亲友回避

对于一个商业银行从业者而言，天天与金钱打交道，需要谨慎小心。管理者更要廉洁做事，不能让人钻空子。《中国建设银行员工职业操守》是这样写的：员工应遵守廉洁从业的各项规定，以亲友回避、明确申报的准则处理利益冲突，公私分明，反对和禁止一切形式的不廉洁行为。员工应当及时向主管人员或者监督部门申明已经发生或可能发生的利益冲突以及可能影响职务廉洁性的事项。总而言之，商业银行要加强廉洁教育，并且加强监督力度和审查力度，防患于未然。

四、优质服务，公平竞争

商业银行是一个服务单位，向客户提供优质服务是职业操守的重要体现。公平竞争包括组织内部的竞争和组织外部的竞争两部分。组织内部的竞争，即员工与员工之间的竞争，这应当是公平的，需要商业银行的管理者能够将一碗水端平；组织外部的竞争，更体现银行人的职业精神和综合素养。《中国建设银行员工职业操守》是这样写的：员工应当以客户至上、竭诚服务、与同业公平竞争的职业准则从事业务，不断提高服务质量。事实上，建行确实向客户提供了优质服务，并在中国的金融市场上留下了良好的口碑。

五、以人为本，情趣健康

前面讲到了以人为本的管理，这也是建行管理的特色。《中国建设银行员工职业操守》是这样写的：员工之间应当树立理解、信任、合作的团队精神，保持和谐、健康的工作关系。员工应当培养健康向上的生活情趣，遵守社会公德，履行公民的社会责任。换言之，“以人为本，情趣健康”是文化方面的要求，是企业组织发展的核心所在。

以上五个方面，就是建行在员工道德操守教育方面所提出的要求，这些被写进了员工岗位规章制度里。当然，建行在员工道德操守教育方面，有许多科学有效的方法值得其他商业银行学习，这些教育方法如下。

首先，传播道德教育理念。

建行是一个企业，更是一个社会公共单位。因此，建行深刻意识到企业的社会责任，在企业内部明确道德教育理念，通过教育的形式不断加以完善。早在 2019 年，建行的各分支银行就开始举办道德讲堂。其中，建行铜川分行在开展道德讲堂的过程中，收获颇丰。一篇名为《建行举办道德讲堂，传递道德正能量》的文章写道：举办道德讲堂是进一步健全完善建行铜川分行企业文化体系的有力抓手，通过身边人讲身边事，通过身边事带动身边人，让干部职工常听道德之音，践行道德之事，以此提升干部职工的道德素养，在日常工作中常怀感恩之心，肩扛社会责任，用心践行社会主义核心价值观，构建崇德尚善的社会氛围。只有明确了道德教育理念，才能将道德观念灌输给员工。

其次，完善道德教育制度。

无论什么组织，都需要制度。换句话说，没有制度，也就无法完善道德教育。建行通过完善道德教育制度，加强对基层员工的道德教育，并取得了非常好的效果。建行的道德教育制度体现在三个方面：一是制定并规范了道德教育制度的内容；二是制定了与道德教育相关的奖罚措施，如表彰先进、评先标兵等；三是制定了监督措施，监督是执行制度的基础。

最后，加强道德教育。

道德教育理念的传播和道德教育制度的完善，都是给加强道德教育工作提供帮助的，唯有不断加强道德教育，才能起到良好作用。

长期教育是一项烦琐的工作，正因如此，许多商业银行没有坚持下来。建行是一家有恒心的商业银行，在道德教育方面，坚持精心耕种。在道德教育的具体层面上，建行主要做了以下几项工作：一是深化干部员工道德操守教育理念；二是不断细化道德操守教育，并制定出教育培训课程；三是对干部员工进行道德操守方面的培训学习，以培训加强教育；四是加强对干部员工的法律培训和教育，让干部员工懂法守法；五是加强岗位培训和服务培训，强化干部员工的职业技能和职业操守。通过以上五项工作，建行取得了良好的教育效果。

传播道德教育理念、完善道德教育制度、加强道德教育构成了一个完整的道德操守管理的方案。商业银行完全可以复制建行的成功方案，提升员工的职业素养。

建行员工培训机制

如今，许多企业组织都有自己的培训基地。定期给员工培训也是打造人才智库的重要方式之一。建行也不例外，不仅有自己专业的内训团队，也会聘请专业团队进行外部培训。广大商业银行应积极选择内部培训与外部培训相结合的培训方式。培训是学习，是提升。许多企业组织不重视培训，甚至有许多管理者认为培训的意义不大，纯粹是“花钱赚吆喝”。事实上，培训不仅意义重大，还可以解决许多问题，提升员工的竞争力。

一、培训的意义

首先，商业银行管理者应该深入了解培训，并且熟知培训的意义。只有看到培训的价值，才会逐渐完善培训机制。

1. 从商业银行角度看

培训可以整体提升员工的技能和道德素养，此外，培训具有三个方面的价值和意义。

一是提升银行的整体竞争力。

银行的竞争力从何而来？恰恰是竞争力极强的员工，让银行拥有了竞争力。银行的人才越多，银行的竞争力越强。培训，是培养人才的主要方式。

二是提升银行的整体凝聚力。

除了技能培训之外，许多企业组织都在进行道德素质和企业文化的培训，这些关乎职业道德、职业团队方面的培训，可以让员工拥有团队精神，继而提升银行的整体凝聚力。

三是提升银行的整体战斗力。

许多从事保险行业的人员都知道，保险公司有专门针对战斗力方面的培训。如今，商业银行也有这方面的培训，通过培训，让员工学会担当，并且勇于肩负责任，继而帮助银行提升整体战斗力。

2. 从商业银行管理者角度看

几年前，有一位银行行长说："我希望拥有一支功能强大、敢拼敢打、骁勇善战、善于攻坚的队伍。"是的，每一名银行管理者都想拥有这样的队伍。这样的队伍从哪里来呢？培训可以帮助银行管理者实现这样的梦想。从商业银行管理者的角度看，培训具备以下几种意义。

一是给管理者减负。

商业银行管理者工作繁忙，管理工作量较大。与此同时，商业银行赋予了管理者更多工作属性和工作角色，这就需要管理者从繁忙的管理工作中抽身，再去做其他方面的工作。如果拥有功能完善的队伍，管理者的工作就轻松很多，可以抽出更多时间完善其他方面的工作。

二是提升管理质量。

前面多次提到，管理就是管人。如果管理者的下属是一群高素质员工，管理者的工作就相对容易，而且管理质量会大大提升。如果管理者面临的是一群不听话、懒散、没有团队精神的员工，管理质量是不是就很难提升呢？培训可以帮助管理者打造有凝聚力的团队，提升员工的职业属性，继而帮助管理者提升管理质量。

三是提升创新能力。

商业银行管理者肩负着银行创新、改革的重任。随着时代发展，银行势必走向一条改革之路，不能坐以待毙。如果商业银行能够借助培训，为银行培养一些创新型人才，这些人才可以帮助银行管理者搭建班子，打造创新改革智囊团。俗话说："三个臭皮匠顶个诸葛亮。"三个创新型人才将给银行管理者提供更多有价值的创新意见和改革方案，提升管理者创新能力。

3. 从商业银行基层员工角度看

企业组织培训，最直接的受益者是基层员工。换句话说，培训可以让一名基层员工蜕变。现实中，许多员工因培训而受益，并且从基层岗位走向管理岗位。因此，培训对商业银行基层员工而言，有着非常重要的意义，具体体现在以下几个方面。

一是提升综合能力。

如今，商业银行需要复合型人才。也就是说，商业银行对基层员工的要求越来越高，希望其能适应多岗位工作，或是一人分饰多个角色，完成多项任务。比如，一名从事柜台工作的柜员，不仅需要掌握服务技能，还要掌握大量的金融知识。培训可以提升一名员工的综合能力，让员工胜任多个岗位或者多种角色。

二是提升收入水平。

许多商业银行基层员工收入并不高，或许他们忙碌一生，也没有赚到太多钱。当今不是一个无偿奉献的时代，而是一个凭借真本事赚取更多利益的时代。对于一名银行基层员工而言，首要任务就是赚钱养家。想要提升收入水平，参加银行组织的各种培训是非常重要的一个渠道。

三是不会被企业淘汰。

如今，许多商业银行都在精减人员，采取优胜劣汰的方式，淘汰一部分庸才，留下一部分人才。许多商业银行基层员工通过培训，提升了自己的综合技能，也提升了自己的工作能力。能力强者总会得到商业银行管理者的青睐，也不容易被淘汰。

二、建行是怎么做的

建行是一家非常重视员工培训的商业银行，在业内赫赫有名。2004 年，建行官方网站一则名为《建行总行人才战略三大骨干工程之一培训体制改革全面启动》的文章指出：全行培训体制改革是一项系统工程，按照总行的统一规划，随着培训体制改革纲要、实施意见、相关跟进规定的出台下发以及重点培训项目的组织实施，整体筹划、合理安排、重点突破的总、分行联动效应已经产生。随着培训体制改革各项措施的全面推进，力争在 2005 年年底以前，全面建设以责任、考评、支持三大体系为重点的培训管理保障体系，并努力在2006年年底以前，健全完善覆盖各级各类人员的岗位资格培训、履岗能力培训和岗位职务提升培训，探索关键岗位人员的职业生涯发展培训。如今，建行的培训体系早已建成，其培训体系完全覆盖各级各类人员的岗位资格培训、履岗能力培训和岗位职务提升培训等。与此同时，建行有诸多方面值得广大银行学习。

1. 完善培训制度

一个完善的培训制度，不仅与培训有关，还与组织单位的薪资体系、人力资源体系息息相关。建行不断完善培训制度，是因为只有拥有完善的培训制度，才能科学、有序开展培训工作。

2. 注重实操培训

一些商业银行也在定期组织培训，但是培训内容与员工的实际岗位工作关系不大，或是培训内容过于概念化和理论化，员工无法将其转化为实操内容。建行从实际出发，甄选具备实操课程的培训，让员工掌握更多的可实践的“干货”内容，而不是虚无缥缈的纯理论内容。

3. 健全评估机制

俗话说：“是骡子是马，牵出来遛遛。”建行注重培训的效果，通过健全评估机制，对培训结果进行评估，不断优化培训体系，让员工从培训中获得更有价值的知识和技能。

著名企业家牛根生曾经说：“培训是最大的福利。”建行重视培训，深耕培训，不断对员工加强培训。通过这种方式，建行为自身输送了大量优秀人才。

第二章

建行文化管理

建行文化建设的问题

每一个企业组织都有自己的企业文化，企业文化代表着一个企业的软实力，企业文化也会给企业员工注入信仰。当然，有一些年轻的企业，为了追求利益，而忽略了企业文化建设。有一位企业家说："企业文化是承载企业发展的助推器，没有企业文化的企业，将会逐渐走向末路。"企业文化是企业的"根"，也是企业的无形财富。纵观世界五百强企业可以发现，这些企业几乎都是文化底蕴深厚。还有一些企业走过了百年历史，依旧拥有无与伦比的创新力和生命力，其品牌价值的影响力越来越大。对于中国的商业银行而言，建设银行文化是非常重要的一件事。作为我国知名的商业银行，建行坚持建设企业文化，但是也走过弯路，遇到过问题。这些问题，可能也是当下其他商业银行会遇到的问题。换言之，了解建行在文化建设上遇到的问题，就能从一定程度上了解企业在文化建设之路上可能遇到的问题。只有规避这些问题，解决这些问题，才能完成企业文化建设，为企业注入灵魂。那么，建行在文化建设上遭遇了哪些问题呢?

一、跟风，赶时髦

企业文化建设，不是跟风，也不是赶时髦。许多金融企业都曾跟风、赶时髦，建行之前也是。由于我国部分企业历史短，经营时间远不及欧美国家的知名企业，当企业文化思维开始影响我国的企业时，企业管理者们就会意识到打造、建设企业文化的重要性。当身边的许多同行都在打造企业文化时，企业管理者就会想要效仿，引入思维和理念，建设企业文化。但是从本质上看，这样的企业文化建设是盲目的、跟风的，企业管理者并没有完全考虑企业的实际需求，而是将其当成一种赶时髦。这样的问题如果不解决，企业文化建设将会偏离跑道，无法实现真正的目标。

二、作秀，华而不实

企业文化建设，切忌华而不实。事实上，许多企业在文化建设方面，都会犯这样的错误。为什么这样说呢？有一位企业家举了一个自己企业的例子，他说："几年前，我的公司也准备建设企业文化，主要是为了做品牌。后来，我们从电视上看到许多好看的广告和企业宣传语，然后也打算这样做。但是到头来，这些华而不实的语言并不是企业文化内容，仅仅是一句宣传语，无法落地。"换句话说，企业文化无法落地，无法形成一种力量，就是无用的，这更多是一种作秀，一种包装。建行以及其他商业银行在打造企业文化方面，也曾遇到过这样的问题。

三、生搬硬套

有一个词叫"拿来主义"，就是将别人的东西直接拿过来使用。拿得好，或许管用；如果拿不好，不仅不管用，甚至会浪费资源、耽误事儿。一方面，在没有现成框架的基础上，"拿来主义"似乎是一条捷径；另一方面，有些管理者坚持文化相通的观点，认为"拿来主义"是非常有用的。但事实并非如此。到头来，这种借鉴和抄袭就会变成生搬硬套，格格不入。如今，许多商业银行管理者，尤其是建行管理者意识到文化建设过程是一个“摸着石头过河”的过程，绝不能搞“拿来主义”，更不能直接抄袭。

四、大杂烩

还有一些企业，没有明显的文化脉络，给人一种大杂烩的感觉。许多企业，包括很多银行在内，都存在这样的问题。所谓大杂烩就是什么文化形式都有，但是没有具体到某一种。这种文化是一种东拼西凑的文化，是拼凑而成的。有人说：“这完全是一种多文化的混合。”大杂烩文化最大的缺陷是没有灵魂。如果企业文化是东拼西凑出来的，肯定没有特点，没有个性，更没有效力，是华而不实且不起作用的文化。

五、无法形成共同理念

这是一个比较大的问题，也是一个比较难以解决的问题。某商业银行在文化建设上遇到了这样一个问题，该银行的一位负责人说：“银行内员工的文化素养参差不齐，对企业文化的理解存在较大差异。在文化建设过程中，这种差异越来越大，甚至形成了一种‘撕裂’状态。员工针对企业文化无法形成统一的理念，也就无法形成合力。”这段话非常实在，包括建行在内的许多商业银行都遇到了这样的问题，而且这一问题在短时间内难以解决，除非整体提升员工的职业素养和文化水平。换言之，这是一个长久的、持续性的问题，想要解决它，需要商业银行持之以恒地做一些与员工职业素质和文化水平相关的基础性工作，脚踏实地，一步一步去做。

六、区域发展不平衡

中国的商业银行，尤其是国有大型银行，在全国各省各市都设有网点，分支银行多，管理战线长，存在区域发展不平衡的问题。在文化建设方面，可能经济发达地区网点的文化建设速度比较快，文化品牌发展相对较好；经济欠发达地区网点的文化建设速度较慢，文化品牌发展相对较慢，整体存在较为明显的发展不平衡问题。要想解决这个问题，并不是一件容易的事情。管理者更愿意将这个问题交给时间，但是时间并不是问题的解药。

除了上述六个问题之外，商业银行在文化建设方面还有许多暴露出来的问题，在这里不一一赘述。这些问题，并非只有建行遇到过。商业银行只有找到解决问题的办法，才能将文化建设方面的工作落实到位。

打造建行文化之“魂”

企业文化建设的核心，就是给企业组织注入养分。许多企业管理者能够意识到企业文化的重要性。文化是根，是隐形财富，是打造品牌的基础。文化到底是什么？难道只是几句口号？商业银行的管理者想要打造企业文化，还需要深刻理解“文化”二字的含义。什么是文化？网上给出的定义是文化是一种社会现象，它是人类长期创造形成的产物，同时是一种历史现象，是人类社会与历史的积淀物。确切地说，文化是凝结在物质之中又游离于物质之外的，能够被传承和传播的国家或民族的思维方式、价值观念、生活方式、行为规范、艺术文化、科学技术等，是人类相互之间进行交流的普遍认可的能够传承的意识形态，是对客观世界感性上的知识与经验的升华。这个定义是宽泛的、具有总结性质的。文化是一种精神沉淀，具有知识属性，或代表着一个社团群体的集体思维特征。因此，不能把文化简单当作某种口号，或者某一种特定的思维和经验。文化是一个聚合体，企业管理者只有深刻了解文化，才能打造文化型企业。本书主要介绍了建行的管理经验。在中国的各大商业银行里，建行在文化建设方面走在了前列，并且通过文化建设实实在在地为组织注入了养分，让自身得以快速成长。在打造文化方面，建行到底都有哪些地方值得其他商业银行或者企业组织借鉴的呢？

一、树立银行文化

什么是银行文化呢？银行文化与其他类别的文化有所区别，集人本文化、道德文化、管理文化、服务文化、品牌文化等于一身。人本文化，就是以人为本，重视人在企业组织内的核心地位，既讲制度，又讲人情，将制度与人情相结合，提升人的忠诚度和归属感，放大人的价值，提升人的劳动积极性和改革创新力。道德文化是一种与道德息息相关的文化，树立社会道德，让人人有德，在道德的监督下完成使命。管理文化表现为科学管理，具有经验性的特点。管理文化多种多样，每个企业都有自己独有的管理文化。服务文化是一种体现服务价值和服务精髓的文化，能够在社会或者团体内构建出服务环境，让服务传递到各个角落。商业银行是营利性企业，同时是服务型企业，向社会输出优质服务，就是打造并建设服务文化的一种体现。品牌文化是与品牌息息相关的信念、规范和仪式的集合。建行的品牌宣传语是“中国建设银行，建设现代生活”。打造企业文化的首要任务就是树立特色文化。银行发展离不开人本、道德、管理、服务、品牌，许多企业组织也离不开这五个词、十个字。建行通过树立银行文化，深入领悟了其中的深刻内涵。就像前面所讲，只有了解文化，才能建设文化。树立银行文化，等于扛起了银行文化的大旗。要想做好文化建设工作，应设立目标计划，并落实在行动上。

二、形成文化理念

文化是一种理念，文化理念即经营宗旨、道德行为与价值观念等的集合。建行的文化理念由四部分组成。

经营理念：以市场为导向，以客户为中心。

服务理念：客户至上，注重细节。

风险理念：了解客户，理解市场，全员参与，抓住关键。

人才理念：注重综合素质，突出业绩实效。

这些理念形成了照亮建行发展之路的核心文化。商业银行是一个市场盈利单位，它不是慈善机构，也不是政府机构，是不折不扣的企业。企业需要经营，要想在市场中站稳，在市场中获利，就要坚持以市场为导向，与客户建立起亲密的关系。与此同时，以客户为中心的经营理念，加强了银行与客户的合作关系。正如许多管理者所说：细节决定一切。经营需要细节，服务需要细节，管理需要细节。如今，建行推行细节管理，打造细节文化，经营、服务、风险控制、人才等领域，都在深耕细节，让细节基因在企业发展中产生作用。人才理念，让建行更加重视综合素质，致力于人力资源的整合与开发，形成科学选人、用人的文化，并以此滋养整个企业。对于商业银行而言，形成属于自己的文化理念是非常重要的一件事。

三、构建核心价值观

文化理念是核心价值观吗？在某种情况下，二者可以画等号。当然，核心价值观与文化理念有所不同。核心价值观是一个企业组织的价值信仰，是照亮企业发展之路的明灯。建行在打造企业文化的同时，构建了核心价值观，为组织、管理者、基层人员注入了价值信仰。建设银行的核心价值观是诚实、公正、稳健、创造。

只有诚实守信，才能体现银行的价值信仰。诚实是一种价值，人以诚为贵。

公正，不仅存在于司法机构，银行组织也需要公正。员工竞争要公平公正，管理者在管理时要公平公正，员工服务每一名客户时也要公平公正，不能戴有色眼镜。一视同仁服务既是文明的体现，也是一种美德。

稳健，就是一步一个脚印，脚踏实地。在新常态下，商业银行面临着转型的压力。许多商业银行似乎想要谋求捷径，在快速变化的市场面前快刀斩乱麻，一举解决难题。事实上，许多转型失败的案例不断提醒着建行，改革发展需要稳健，需要“摸着石头过河”，需要夯实一切、砥砺前行。稳健是一种做事态度，也是一种文化理念。

创造，即创新与造就。创造是一种勇气，是一种革新。商业银行发展，光靠稳扎稳打是不行的，还要在顺应时代的前提下，找到变革的基因，通过创造引领社会发展。在这方面，建行是众多商业银行中的佼佼者。

建行通过树立银行文化、形成文化理念、构建核心价值观，打造了企业文化，为企业组织注入了养分，也为今后的企业发展创造了有利条件。

立足特色培育建行文化

世界上没有相同的两个企业，也没有两个相同的人。正是因为企业不同，其文化基因也各不相同。许多企业为了追求一种“短平快”的管理模式，找窍门，走捷径，搞“拿来主义”。这种机械式套用，并不能解决文化建设的问题，反而延误了文化建设的最佳时机。企业文化是一栋大厦，需要一砖一瓦搭建，需要企业全体员工的参与。每一块砖，都带着员工的温度和指纹，因此，筑就的大厦是绝无仅有的，是独立的，拥有显著的企业特色。如果一个企业的管理者抄袭别人的文化，就会变成第二个××，甚至连第二个××都达不到。换言之，抄袭和模仿是没有出路的。打造企业文化，需要企业组织从上到下，树立“一盘棋”的思想，不找捷径，不抄袭他人的模式，深挖内部，形成具有独特气质的文化符号。当人们说起电冰箱，脑海中可能会浮现海尔，以及海尔的标志——海尔兄弟。这就是一种特色文化，其标志、品牌、服务、产品、价值观等，都是独一无二的。建行的特色文化是根据自身长久以来的特色萃取出来的。

特色一，网点多。

在中国商业银行中，建行营业网点的总数量是名列前茅的。这也意味着，建行的营业网点覆盖面大，服务人群多。这是一种财富，是建行人辛勤耕耘的结果。当然也有人说：“网点多并不是什么特色。”但是需要说明的是，在当今市场，不少商业银行开启网点关闭浪潮的时候，建行并没有。这说明了建行的营业网点服务程度高，业绩更好，银行与客户关系处理更加得当，银行产品的回头率更高。因此，网点多确实是建行的一大特色。基于网点多、覆盖面积大的特色，建行深挖潜力，找到了一条打造特色服务文化之路。服务是根本，服务体现价值。服务文化，就是一种特色文化。深耕服务文化，挖掘属于建行人的“服务精神”和“服务思维”，是建行的优势之一。网点多，意味着建行需要有更多的责任感去服务这些网点，提升这些网点的业绩。与此同时，每一个网点都是建行的宣传窗口。换句话说，网点多，宣传窗口多。

特色二，业务种类多。

建行是一家综合银行，几乎涵盖了银行中的所有金融业务。如今，建行不满足于传统业务，在打造具有建行特点的业务，或者一些具有时代标志的轻资产金融业务。业务众多，并不代表着多而不精。事实上，建行提供的产品和服务等，都是非常专业的。建行业务众多，但是业务开展得非常专业，产品种类繁多，产品非常成熟，深受广大客户的喜欢。基于业务种类多的前提，建行开展相关特色文化建设，如培训文化、人文文化、科技文化等建设。培训文化就是打造一个培训型银行，使银行形成一种培训的“气候”，通过培训的方式，帮助建行培养一批专业人才。当然，培训的目的是提升人才的综合能力，因此从某个角度看，这种培训也是一种人本文化。重视人，发挥人的价值，让人主导银行的发展。另外，科技文化随之被挖掘出来。当今时代是一个科技时代，金融科技发展迅速，掌握最先进的金融科技技术，就能帮助银行抢占市场先机。建行以此打造科技文化也是非常有意义的，值得许多传统金融企业学习。

特色三，和谐。

有人问：“在一家银行，什么东西最重要？”或许，每个人都有自己的答案。有人说："客户。"客户对于银行，是非常重要的。客户是商业银行的衣食父母，商业银行失去了客户，也就失去了市场。有人说："产品。"产品也是非常重要的，尤其在一个同质化严重的时代背景下，谁的产品有特色，谁就会吸引广大客户。换言之，客户与产品息息相关，没有好产品，就无法吸引客户。产品与客户，是一种上下游关系。有人说："服务。"商业银行是服务型企业，给广大客户提供人性化服务。可以说，凡是服务好的商业银行，效益都不错。服务是免费的，但可以给产品赋值，也就是说，服务是增值的。还有人说："变革。"是的，变革也非常重要。新时代下，社会要求商业银行主动变革，迈出关键的一步。建行的创新在中国所有的商业银行中，名列前茅。客户文化、产品文化、服务文化、创新文化，这些文化建设，几乎所有的商业银行都在做。而建行则是立足自身特色，挖掘和谐文化。

什么是和谐？和谐就是协调、合适，给人一种美的享受。和谐是抽象的，但是和谐涵盖了客户、产品、服务、创新、科技等元素。客户如何才能感到美呢？当建行给客户提供优质的服务，给客户提供定制化、个性化的产品，给客户极致的科技体验，为客户营造舒适、温馨的体验氛围时，客户就能感受到美，和谐气氛就能出现。在银行内部，管理者要以身作则，关心群众，尊老爱幼，公平公正，常常激励员工，员工为之感恩，就能创造出和谐的管理、经营氛围。2015 年，建行官网刊发了一篇名为《建设银行努力构建和谐共赢的金融消费关系》的文章，文中提道：加强消费者权益保护是广大银行业消费者的热切希望，更是银行业坚持以人为本、履行社会责任、规范经营行为、实现可持续发展的必然选择。建设银行高度重视消费者权益保护工作，始终将其作为国有商业银行应尽的社会责任加以落实，并不断取得新的进展，努力构建与消费者之间和谐、共赢的金融消费关系。

如今，许多商业银行都在打造属于自己的特色文化。建行在文化打造方面，有自己的特色，也有一套可复制的方法，可以为其他商业银行在打造核心、特色企业文化等方面提供思路。

有利于建行发展的文化及支持体系

在建行官网上，有这样一段话："为客户提供更好服务，为股东创造更大价值，为员工搭建广阔的发展平台，为社会承担全面的企业公民责任。"这段话是建行的企业使命。

企业使命与企业文化之间有什么关系呢？事实上，企业使命与企业文化都属于企业哲学。企业哲学是企业管理、运营的终极学问，其包含了企业使命、企业文化、企业目标、企业管理策略等元素。有人说："企业文化并不是一杯可以立刻'解渴'的水，而是需要长期建设才有效。"企业使命，同样需要长期坚持，在这一点上它与企业文化有着相同的属性。企业使命催生出企业文化，企业文化又是企业使命能够顺利完成的重要资源。换句话说，没有企业使命，也就没有企业文化；没有企业文化，企业使命也就难以完成。企业使命与企业文化相辅相成，缺一不可。建行基于企业使命，打造并发展客户服务文化、股东增效文化、人才资源文化和公民社会文化。

一、客户服务文化

客户是商业银行的衣食父母，商业银行为客户提供服务，满足客户需求，客户为商业银行带来营收和利润，二者是相互成就的关系。服务背后还包含了产品、团队、品牌。因此，客户服务文化包括产品文化、团队文化和品牌文化。建行有许多优势，包括产品、团队、品牌等优势，因此，建行在打造客户文化的时候，也在不断提升产品质量、打造服务团队、筑造金字品牌。

产品文化：产品文化是指以企业生产的产品为载体，反映企业物质及精神追求的各种文化要素的总和，是产品价值、使用价值和文化附加值的统一，又是一类消费者群体在某段时期内对某种产品所蕴含特有个性的定位。①

团队文化：团队是一个集体的概念，可以说，几乎做任何事，都要依靠团队。建行不但有自己的专业服务团队、技术支持团队、产品研发团队等，而且形成了特有的团队文化。顾名思义，团队文化是指团队成员在相互合作的过程中，为实现各自的人生价值，并为完成团队共同目标而形成的一种潜意识文化。团队文化是社会文化与团队长期形成的传统文化观念的产物，包含价值观、最高目标、行为准则、管理制度等内容。它以全体员工为工作对象，通过宣传、培训和文化娱乐、交心联谊等方式，最大限度地统一员工意志，规范员工行为，凝聚员工力量，为团队总目标服务。② 这也体现了团队文化的意义和目的，打造团队文化的终极目标还是为客户提供优质服务，帮银行挖潜增效，给股东更好的收益分红等。

品牌文化：在我国，许多企业组织并不重视品牌建设，即使有了品牌，在品牌文化的打造方面，却不舍得花钱，也不舍得出力……但

---

① 来源：百度百科。

② 来源：百度百科。

是建行在品牌文化建设方面煞费苦心。什么是品牌文化呢？品牌文化是某一品牌的拥有者、购买者、使用者或向往者共同拥有的、与此品牌相关的独特信念、价值观、仪式、规范和传统的综合。品牌文化，也指通过赋予品牌深刻而丰富的文化内涵，建立鲜明的品牌定位，并充分利用各种强有效的内外部传播途径形成消费者对品牌在精神上的高度认同，创造品牌信仰，最终形成强烈的品牌忠诚。①

二、股东增效文化

一个银行，服务三种“客户”。第一种“客户”是传统意义上的客户，就是商业银行服务的对象；第二种“客户”是员工，银行给员工承诺，让员工在银行这一平台上展示价值，培养员工，让员工快速成长，银行离不开员工；第三种“客户”是股东，股东投资，理应获得更高的分红收入。股东增效，是商业银行的职责所在。建行有自己的股东，股东就是投资人，给投资人丰厚的回报，是建行的责任。因此，建行打造了股东增效文化。股东增效文化是一种股东文化，建行打造的股东增效文化主要体现在以下几个方面。

尊重股东。拒绝“独断专行”的经营模式，充分尊重股东意见，把股东当成重要的合伙人和资源提供者。

尊重法定程序。股份制是具有合法效力的，受到法律程序保护，尊重股东，就需要尊重法定程序，一切按照法律法规执行。另外，养成尊重法律程序的管理执行习惯，有利于建行与股东的长期合作。

不要把股东当成圈钱工具。许多企业不断招募股东，只是为了“圈钱”，这不符合双方利益，长此以往，股东会产生信任危机，甚

① 来源：百度百科。

至退股。不要把股东当成圈钱工具，而是要把股东当成客户，为其提供最好的服务。

三、人才资源文化

企业只有重视人才，才能长远地发展下去。我认为，人才资源是企业的宝贵资源，甚至比企业内的其他资源更加重要。企业即人，没有人才的企业是不可想象的。建行依托资深优势，在广泛吸收社会优秀人才的情况下，大力建设人才文化和相关体系。陈套在《学习时报》刊发的名为《厚植新时代人才发展文化根基》的文章中写道：人才文化环境包括人才工作的价值理念、治理理念、选人用人导向，以及人才的政策制度、事业平台、工作待遇等硬环境建设和人才的服务管理、生态文化等软环境建设；还有人才所处的社会大环境……人才价值观是人才文化环境建设的核心基础，体现了人才工作的理念和治理方式，决定了对人才的鉴别、选择、评价和使用。建行不仅形成了人才文化环境，而且有独特的人才价值观，并逐渐形成与人才文化相关的体系，这非常难得。

四、公民社会文化

有人说："一家优秀的企业，一家在社会上有影响力的企业，一定要为社会做点事，体现企业的社会价值和品牌价值。"建行自创建以来，一直坚持社会公益事业，打造公民社会文化。公民社会文化是企业文化发展终极方向，做一家有社会担当的企业，才是企业的终极发展方向。建行一直在积极努力把自身打造成这样的企业。

综上所述，建行在挖掘企业文化潜能、建立文化体系方面早已迈出关键一步，尤其在客户服务文化、股东增效文化、人才资源文化、公民社会文化方面进行了有意义的尝试，并从中获取到极大的社会效益和市场效益。

建行打造快乐和谐的文化

“快乐”与“和谐”，也是当今社会提到的频率很高的两个词。快乐，就是开心、高兴，表现出一种愉快的心情。和谐是和睦相处，气氛祥和，没有争端。人们常说：“和气生财。”和气生财是一门学问，更是一种文化。包容是一种胸怀，也是一种境界。但可能有人会产生疑问：“包容是一个人的事情，怎么可能是整个银行组织的事情？如果企业员工触碰了底线，还要包容他吗？这样岂不是错上加错吗？”

一个人要有容人之量，一个企业、组织也要有容人之量。一个企业的人文环境，需要长时间的规划和发展，才能逐渐形成。如果一个企业组织单单依靠制度和法律去管控，说明这个企业组织的管理是有问题的。企业管理离不开人，商业银行是由人组成的单位，而不是由岗位制度和各种处罚措施组成的单位。换言之，岗位制度、监督条例、法律法规只是针对某些“特殊状况”。一位银行行长说：“企业文化的传递，具有一种防患于未然的效果。”一位企业家曾说：“企业文化就是道德疫苗，给企业和企业员工打一针道德疫苗，比严厉的处罚措施效果更好。”中国是一个“文化古国”，文化具有功能性，能解决诸多管理上的疑难杂症。

包容是快乐、和谐的基础。建行在包容方面，一直坚持自己的做法，尤其在文化建设方面。2012 年，《当代金融家》刊发了一篇名为《打造建行企业文化之魂——访中国建设银行党委委员章更生》的文章，章更生在采访中介绍："诚实、公正、稳健、创造。"这是实现股改上市的现代商业银行阶段，也是建行改革发展和文化建设的又一个里程碑阶段。2005 年以来，建行党委在建立现代公司治理结构、推进转变经营机制的过程中，着力构建适应现代商业银行需要的企业价值理念体系。2007 年建行再一次率先出台了具有现代商业银行典型特征的建行文化要素体系及员工行为规范、职业操守等制度体系，明确了愿景、使命、核心价值观及其理念。"以市场为导向，以客户为中心"的经营理念、"诚实、公正、稳健、创造"的核心价值观和"为客户提供更好服务，为股东创造更大价值，为员工搭建广阔的发展平台，为社会承担全面的企业公民责任"的使命等，都充分体现了社会主义核心价值体系的内在要求和现代商业银行的本质内涵，体现了建行的高度文化自觉性。从中可以看出，建行把文化建设当成战略任务，打造建行文化基地，才能体现真正的金融价值。所谓的快乐和谐，就是让客户快乐、股东快乐、员工快乐。银行这三种"客户"快乐了，才能营造出和谐的氛围。

一、客户快乐

如何才能让客户快乐呢？建行是如何构建一种客户快乐文化的呢？

1. 规范服务

服务决定一切。只有给客户提供优质的服务，客户才能感到高兴、快乐、满意。建行在推行规范服务方面，做得非常好。建行通过规范服务，提升服务质量，让客户得到良好的体验，给客户带来愉悦感。

2. 关心客户

与客户维护关系的一个重要方面，即关心客户，让客户感受到银行的关爱。客户感受到来自银行的温暖，就会产生愉悦感。关心爱护，是最好的客情关系维护方式。

3. 肯定客户

客户需要被表扬，需要被尊重，更需要被肯定。要肯定客户的观点和看法，尊重客户的意见，把客户的观点当作银行管理运营的一个参考。客户得到肯定后，就会产生愉悦感。

4. 提升体验

商业银行常被人诟病的排长龙现象，已经是低效率的代表。建行在提升服务效率、提升自助服务智能化方面，做得非常到位。客户体验有了质的提升，客户就会开心、快乐。

二、股东快乐

股东是商业银行背后的“大树”，商业银行离不开股东的支持，同样商业银行有责任和义务保障股东的权益，给股东带来最大化的经济效益。建行是如何构建股东快乐文化的呢？

第一，让股东看到蓝图和收益，蓝图是目标，也是一种计划，包含具体的方案。只有让股东看到，股东才会放心。让股东看到获益的希望，等同于给股东吃下一颗定心丸。

第二，提升商业银行的品牌价值，提升商业银行的市场竞争力。

在这两个方面，建行一直在积极努力，并且形成了建行品牌，建行在中国乃至世界金融市场内，也有一流的市场竞争力，给股东带来了投资信心。

第三，提升盈利水平，才能确保并不断提升股东的收益。股东投资的目的就是赚钱，只有让股东赚钱，股东才能开心。建行的盈利水平在中国商业银行中名列前茅。

第四，降低经营风险，减少负债率高的经营项目等，降低银行的经营成本，挖潜增效，交给股东一张满意的报表。

三、员工快乐

如何才能让员工快乐呢？打造企业组织内的快乐文化，可以让员工感受到快乐，这有助于提升员工的工作能动性。一篇名为《快乐文化：从现在到未来》的文章写道：快乐文化本身包含辩证思想。人的一生总有喜怒哀乐，矛盾、困难、压力、忧愁、大喜大悲都不可回避。快乐文化，就是调动和激励员工在建设企业中感受到事业之乐，热爱企业，热爱生活，把个人利益与企业发展紧密联系起来，在企兴我荣、企强我富中感受快乐。让员工快乐的方式有很多种，例如，给员工更好的福利待遇，给员工更多展示的舞台，对员工信任，给员工适当授权，给员工公平、公正的竞争舞台，给员工激励，为员工营造家的氛围，为员工排解工作压力……这些方式，都是员工快乐文化的范畴。

建行通过自己的方式搭建并创造出快乐和谐的文化环境。只有让客户快乐、让股东快乐、让员工快乐，商业银行才能打造快乐和谐的文化，才能走上稳定发展的道路。

第三章

建行业务风险与业务管理

建行柜面业务风险及对策

随着金融技术的进步，以及管理体系的形成，许多商业银行在管理方面都取得了巨大进步。建行是一家有准备的银行，无论是服务，还是业务；无论是产品，还是品牌，都经受住了市场的考验。但是建行的成功来之不易，或者可以说是“亡羊补牢”的结果。有人说：“风险是难以规避的，即使是商业银行这样的金融企业，也要经受风险的考验。”

众所周知，商业银行存在三大风险，即操作风险、市场风险和信用风险。操作风险从字面上就很容易理解，例如，工作人员的操作失误，有可能给企业、客户带来巨大损失。操作风险既包括真正意义上的操作失误，还包括道德风险以及违法操作。市场风险是一种不可控的外部风险，商业银行应对外部风险的方式，主要是调整对外策略。信用风险通常指借贷人违约，商业银行无法回款的风险。如今，许多商业银行都有坏账、烂账，且数额巨大。建行并不例外，也在经受三大风险的考验。当然，三大风险并不是三座大山，只要解决方法得当，就可以化险为夷。要想避开风险，商业银行需要对风险项进行深入分析，再根据风险项找到解决问题的办法。本书第三章主要讲述建行在业务风险管理方面的方法和策略，以供其他商业银行借鉴和学习。下面主要介绍柜面业务风险以及对策。

一、建行存在的柜面业务风险

柜面业务风险广泛存在于各大银行。柜面业务存在的风险项具体包括以下几个方面。

1. 代客户办理业务风险

通常来讲，柜面业务需要客户亲自办理，但是在特殊情况下银行工作人员也会代客户办理相关业务。由于客户不在场，缺乏有效监督，在这样的情况下，有的服务人员有可能会动歪心思。这种操作道德风险，商业银行难以监控，可能会导致客户资金被挪用。

2. 存折取款打印风险

虽然我国金融科技取得了突飞猛进的发展，绝大多数的商业银行均提供自主取款业务，逐渐代替了柜面取款。但是，存折仍旧广泛存在。存折取款始终存在道德风险，如柜员采取隐蔽手段盗取客户存款，长期不打印存折相关记录并以此蒙蔽客户，给客户和银行造成双重经济损失。

3. 柜员交接班不退屏风险

在交接班时，银行柜员有时会忘记退屏，让办理柜面业务的电脑处于公开可操作状态，这可能会被不法分子利用，给客户和商业银行造成风险。

4. 授权风险

从管理角度看，授权也是一种科学的管理模式。但是，授权不等于放权，授权的前提是监督和控权，让被授权的人接受监督，让授权后的一切行为得到控制。现实中，一些银行管理者授权却不控权，员工拿着“令牌”从事非法勾当的案例并不少见。

针对上述柜面业务风险，建行有自己的对策。正如前面所说，只要方法得当，就能及时纠错、整改，就能起到“亡羊补牢”的效果。那么，建行是如何做的呢？

二、建行在柜面业务风险方面的对策

建行针对柜面业务风险建立了一套防控方法，这套方法涵盖了许多方面，具体如下。

1. 加强内控

内控，就是内部控制。内控是管理学和经济学名词，也叫内控管理。内控管理是企业为保证经营管理活动正常、有序、合法运行，采取对财务、人、资产、工作流程实行有效监管的系列活动。企业内控要求保证企业资产、财务信息的准确性、真实性、有效性、及时性；保证对企业员工、工作流程、物流的有效管控；建立对企业经营活动的有效监督机制。建行通过内控管理，加强了柜面工作环节的监督力度，有效预防了员工不职业、不道德的工作行为，有效预防了柜面业务风险。

2. 加强键盘输入监控

柜面业务风险是一种操作风险，通常是由键盘操作行为引起的。如工作人员退台不退屏，给不法人员可乘之机；或是有工作人员进行违法操作。建行通过加强键盘输入监控，让柜面业务操作处于透明的监督环境。这可以有效规避柜面业务风险。

3. 建立非现场监控检查数据模型

如今，许多商业银行都引入了金融科技，将大数据管理、数据模型分析等运用到金融管理中。建行通过建立非现场监控检查数据模型，有效降低了经营现场的操作风险值，大大提升了经营现场的服务操作安全性。从某个角度上看，建行的这一套做法，提醒了各大商业银行，可以借助金融科技的力量解决柜面业务风险以及其他风险问题。

4. 改进现有凭证打印程序

前面提到，还有许多商业银行柜面提供打印存折的服务，这项服务存在操作风险。针对这一风险，建行有针对性地改进了现有凭证打印程序，杜绝此类风险。与此同时，建行不断加强对柜面服务人员的道德素质培养，从根源上杜绝此类风险事件的发生。

5. 设立集中授权中心

只有科学授权，才能控权。针对授权造成的不可控风险，建行设立了集中授权中心，集中授权，集中控权，形成“授权—控权—监督”体系，继而解决授权不受监督的问题，规范柜面服务人员的操作。

以上五个方面的针对性内容，就是建行在柜面业务风险方面所做出的努力，这些措施也取得了良好的管控效果。当然，不同的商业银行还有不同的风险项，管理者们需要找到它们，再进行有针对性的管控、改进，从而避免这类操作风险给银行带来损失。

建行养老金融业务

人口老龄化加速，国家的养老压力增大。对于一个国家而言，养老水平体现了富裕程度。为了响应国家号召，商业银行应发挥其作用，推出养老金融业务。在我国，特大型商业银行都有特色的养老金融业务，且市场广阔。一篇名为《跳出金融做服务，银行养老金融各有千秋》的文章指出：老龄化的加快、长寿人口的增长、养老产业链的延伸，推动了老龄事业影响力的扩大。养老不仅是一个生存和生活的话题，更涉及资产管理、社区环境、旅游、康复、看护、临终关怀等众多领域。

工商银行是国有四大行之一，该银行在几年前就已经布局养老金融市场，并且形成了一套养老金融体系。2021 年 1 月 27 日，工商银行推出了“工银爱相伴”，据金融界网的介绍：“该品牌服务体系围绕金融和非金融两个维度，立足产品、服务、权益、活动四个方面，涵盖六大板块二十余项具体服务举措，旨在深化老年客户金融服务，弘扬尊老敬老爱老文化，践行‘老有所安、老有所依、老有所养、老有所享、老有所学、老有所乐’的高品质养老理念。”由此可见，工商银行推出的“工银爱相伴”是一套成熟的养老金融体系。

除了工商银行，中国银行开设了“养老金融特色网点”，并且推出了“时间银行”公益项目。一篇名为《深耕银发场景　中行持续打造特色养老金融服务》的文章提道，“时间银行”是公益志愿性质的互助养老新模式。当志愿者为老年人提供养老服务时，“时间银行”按一定规则记录并存储服务时长。志愿者年老后，即可在“时间银行”中提取时间，换取相应养老服务。中国银行已与上海市民政局达成合作意向，开发运维“上海养老时间银行”，并在虹口、徐汇等五个区开展试点。

每一家商业银行都有自己的特色，都有值得借鉴和学习的地方。这对中国养老金融事业的发展有着强大的推动作用。建行在养老金融领域内，也有自己的特色和值得其他商业银行借鉴和学习的地方。

2020 年，时任建行行长的刘桂平曾经发表过题为《构建养老金融生态圈 推进中国养老事业高质量发展》的演讲，该演讲内容是建行多年以来深耕养老金融服务领域萃取出来的经验。他在演讲中表示：建行积极探索养老金管理机构专营化，始终坚持把养老金业务作为保障社会民生、促进和谐发展、履行企业责任的战略性业务，作为推行综合经营与战略转型的重要内容。建信养老金公司综合运用渠道、科技、资金、产品、风控、品牌等优势，充分发挥协同效应，整合内外部资源，链接个人、机构、政府三端，构建养老行业金融生态圈，为客户提供“一站购齐式”养老综合服务。那么，建行在养老金融领域内，有哪些值得其他商业银行借鉴的经验呢？

一、专业队伍建设

养老金融业务对于商业银行而言，还是一项新业务。要想做好养老金融业务，需要一支专业队伍。因此，建行打造了一支专业服务队伍，为老年客户提供专业而优质的服务。与此同时，建行加强队伍综合素质建设，规避道德风险问题的发生。为了打造专业队伍，建行与相关专家团队进行合作，对银行职员进行培训。另外，建行积极响应国家政策，推动养老金融业务的健康发展。正如刘桂平所说：开展对私条线协同，为客户提供养老投资服务，提升养老资产收益率，提高个人养老消费能力。建行具有多金融牌照优势，具备融资、投管、运营等跨界、跨业、跨境、跨市场服务能力，通过积极挖掘建行 4.4 亿个人有效客户养老需求，提供全方位、全领域、全链条养老服务。截至 2020 年，建行养老保险代理业务覆盖人群近 1 亿人，年代收代发养老金近 2 万亿元，发行社会保障卡超过 1.3 亿张，资产管理规模接近 5500 亿元。这些成就离不开专业队伍建设。

二、积极拓展渠道

老年客户是一群特殊的客户，有些老年客户身体不好，不方便上营业网点办理业务，这就需要商业银行拓展服务渠道，积极、主动地为老年客户服务。正如一名建行网点的行长所言：只有做到一对一式的服务，才算完成银行使命。建行还将开辟绿色服务通道，对身体不好、不方便出门的老年客户进行上门服务。

三、创新多元化养老金融服务

刘桂平提道：建行在机构端赋能。开展对公条线协同，以智慧政务、养老产业联盟等形式，整合养老服务链条上下游资源，以养老产业基金、养老信贷产品等形式，创新多元化养老产业金融服务。截至 2020 年，建信养老金公司实际运作年金计划 258 个，企业年金受托规模余额 926 亿元（市场份额约为 5.3%），职业年金受托和投管规模分别达到 530 亿元和 212 亿元。在政府端连接。开展政府条线协同，参与养老政策与行业标准制定，为民政、卫健、社保等部门提供政策咨询、系统搭建、数据分析等支持，助力提升政府养老治理能力。例如，2018 年 5 月 30 日，建行搭建的数字化、智慧化安心养老云平台——建颐人生 App（手机软件），注册用户数已达 238

万人，累计推广上线养老机构和服务商1.1万家，初步建立资金流、服务流、客户流闭环运行机制，形成“要养老、到建行”的市场品牌，获近千家民政部门推广使用。这些内容进一步体现了建行在养老金融方面的发力和布局。另外，建行与证券公司进行合作，探索一条新发展之路。

以上三个方面，就是建行在养老金融业务上的探索与发展，并取得非常好的市场业绩。随着中国老年金融行业的发展，中国现存的养老问题也将逐一解决，实现全民养老这一伟大目标。

建行保理业务快速发展的对策

如今，许多商业银行都在开展保理业务，每个商业银行都有自己的方式。保理业务是一项集贸易融资、商业资信调查、应收账款管理及信用风险担保于一体的新兴综合性金融服务。银行的保理业务可分为国内保理业务和国外保理业务两类。保理业务是商业银行的一项非常好的资产增收业务，对商业银行的发展与转型起到至关重要的作用。建行自2013年开始开展保理业务。开展保理业务对企业客户都有哪些帮助和好处呢？

在建行官网上，对国内保理的介绍中指出，保理业务对卖方企业的益处：通过获取保理预付款迅速回笼资金投入生产经营，避免资金大量被占用在应收账款上，同时扩大销售额；在无追索权保理业务中通过建行提供的信用风险担保获得收款保证；通过转让应收账款，改善财务报表的有关指标和结构；通过建行提供的信用风险销售控制服务，主动掌握买方的资信情况，实现销售信用控制；通过建行进行账务管理和账户信息分析，降低财务成本。对买方企业的益处：获得赊销（O/A）的优惠付款条件，扩大营业额；以自身信誉和良好财务表现获得卖方赊购额度，无须担保或抵押；不需增加业务手续，免去传统结算方式所需支付的各项费用。换言之，保理业务对卖方、买方都有好处。因此，许多企业客户在建行或者其他商业银行办理保理业务。建行是一家专业的、极具实力的商业银行，在开展保理业务方面，有强大的优势。2019 年，建行推出了区块链再保理业务，该业务主要给全国范围的小微企业提供融资服务。这些年，建行深耕保理领域，获得了快速发展的良机，也逐渐成为各大商业银行学习的对象。那么，建行在保理业务的构建和发展上，有哪些独到之处呢？

一、建行有好政策

保理业务属于中间业务。如果想要快速发展中间业务，就需要提供政策支持。如今，许多商业银行在开展该业务方面，决心不大，也没有相关的政策调整。建行的好政策主要体现在以下三个方面。

第一，对核心企业客户确认回款账户账号的定向保理业务，并采用核心企业评级对应的 PD（违约概率）值来计算经济资本，以实现该项服务。

第二，对办理供应链金融业务的链条企业，采用供应链客户评分对应的 PD 值计算经济资本，以实现该项服务。

第三，对于建行能够实际控制物流和资金流的供应链金融业务，比照抵质押风险缓释效果估算 LGD（违约损失率）等，以实现该项服务。

与此同时，建行采取激励制度，激励银行员工开展该项业务，并不断给予资源优化，提升资源优势。通过多种活动、多项举措，建行的好政策在保理业务上发挥了作用，并带动了这项业务的发展。

二、规避保理业务风险

保理业务是一项风险较大的业务，只有合理规避、控制其风险，才能使这项业务得以顺利开展，进而取得好成绩。保理业务都存在哪些风险呢？建行又是如何规避的呢？

1. 信用风险

保理业务的双方客户即卖方客户和买方客户，这项业务能否顺利开展，取决于双方的信用。如果其中一方信用出现问题，就会带来严重的风险，并且可能给商业银行带来巨大的损失。因此，建行在开展该项业务时，对业务双方客户进行严格审核，排查信用状况。只有严格达标的客户，建行才会帮助其开展该项业务。

2. 审查风险

如今，许多中小型企业通过保理业务进行融资。个别企业为了融资而在应收账款的真实性上做文章，如签订虚假合同、一票多用、旧票新用等。银行如果审查不严，就会出问题。另外，有一些商业银行本身就存在审查制度执行不力的情况。银行存在的审查风险，多是自身工作不到位而产生的风险。建行在审核制度的管理方面，是非常严格的。加强审核力度，避免审查风险，就会让个别企图钻空子的企业客户无可趁之机。

3. 法律风险

从本质看，保理业务是一项债权质押业务，如果债权出现问题，就会引发法律风险。常见的法律风险有两种，即债权转让产生的法律风险和重复质押登记产生的法律风险。针对以上两种风险，建行拥有自己的专业团队对保理业务进行法律审查，以规避相关风险。

建行通过信用风险管控、审核风险管控和法律风险规避等工作，规避了保理业务的风险，助推业务成长。

三、建行有好对策

建行在保理业务方面的好对策都有哪些呢？或者，建行独有的一套体系是什么呢？

1. 选择优势行业

当今时代是一个互联网引发裂变的时代，人们的生活方式发生了改变，行业也发生了变化。许多传统行业优势不再，许多新型行业冒出头来。建行更多地选择为朝阳行业提供保理业务，如制药、环保、文教等行业，这些行业因为其特色优势给建行开展该项业务带来便利，并降低了相关风险和管理压力。

2. 开发特色产品

保理业务是一项业务，也是一项服务，同样涉及金融产品。建行在金融产品开发方面，走在同行前列。建行开发与保理业务相关的产品，批量营销上游供应商客户，解决小微企业贷款难的问题，帮助小微企业融资。建行在开展保理业务的同时，融合了其他业务，可谓一举两得，形成产品组合。

3. 提升服务功能

银行的多数业务都是以服务为核心，尤其商业银行混战的今天，各大银行都在比拼服务质量。建行不断提升服务，给服务赋能，如建行提供的客户账户管理、账款催收、坏账担保等方面的服务，既体现了建行服务的专业性，又给客户带来了信心。给服务赋能，是一项新课题，建行在保理业务方面对服务进行赋能，是非常有意义的尝试。

通过以上三方面的工作，建行逐渐形成了一套科学规范开展保理业务的体系，不仅降低了业务风险，提升了业务服务质量，而且给客户提供了便利和福利。这些经验也非常值得其他商业银行借鉴并使用。

建行中间业务发展策略

中间业务是一项非常重要的业务，也是一种基础业务，几乎任何一家商业银行都在深耕中间业务，建行也是如此。有人说：“守住传统，才能守住阵地。”中间业务对于商业银行而言，等同于阵地。什么是中间业务呢？简单说，就是商业银行办理支付或者委托业务时，收取手续费的业务综合。商业银行从中获取的手续费，也是商业银行的主要收入之一。中间业务具体包括四项业务，一是汇兑业务，客户将现款交给银行，由银行汇给异地的第三方；二是信用证业务，包括客户委托银行向异地卖主支付货款的商品信用证业务，和客户将一定现款交与银行换取一种凭证，用于在该行其他城市的分支机构或往来银行汇兑现金的货币信用证业务；三是代收业务，银行代替客户收取各种款项，接受委托代替客户买卖有价证券、贵金属和外汇；四是信托业务，银行代人管理财产、办理遗产转让、保管有价证券和贵重物品等。

建行非常重视中间业务的发展，立足中间业务的同时，不断创新，升级金融科技以促进中间业务持续开展。不过也有人问："为什么如此多的商业银行都在开展中间业务这项传统业务呢?"事实上，中间业务风险低、收益高，而且可以促进传统的存贷款业务。目前，建行的中间业务有以下三类。

一是担保类业务。顾名思义，即商业银行以信用为担保中介，提供的一种具有经济收益的业务。建行在银行界颇具影响力，其信用是非常可靠的，开展担保类业务是非常自然的一件事。

二是咨询顾问业务。建行的咨询顾问业务主要包括两个方面，即工程造价咨询和现金管理。工程造价咨询包括项目工程建设所需要的预算、结算、竣工决算、工程招标标底、投标报价、工程招标代理等项目咨询方面的业务。现金管理包括收付款的科学管控、资金的归集与划转、资金统一运作与管理、剩余资金保值增值、资金短缺的问题解决以及资金交易信息的传送与查询等相关业务。

三是保理业务。前文已做详细介绍，这里不再赘述。

建行官方网站上有一组数据，这组数据也反映了中间业务对建行发展的作用和意义。《建行 2020 年一季度中间业务收入增长情况》指出：本集团发挥金融科技和数字化经营优势，深入分析客户需求，抓住市场机遇，加大线上产品布放力度，推动重点中间业务产品较快发展。2020 年一季度，本集团实现手续费及佣金净收入 453. 76 亿元，同比增幅 5.45%。托管及其他受托业务等实现较快增长，结算与清算、银行卡等业务稳步增长。在新冠肺炎疫情的影响下，建行在 2020 年取得这样的成绩实属不易。那么，建行在中间业务方面，都有哪些值得其他商业银行学习的地方呢?

一、扩大银行规模

中间业务的战线依赖银行规模，只有银行规模不断扩大，才能提升中间业务的体量。当然，扩大银行规模并不是一件容易的事情，每一家商业银行都有自己的难题。尤其在新常态下，商业银行面临转型压力，有一些商业银行在不断缩减自己的规模。建行顶住转型压力，线上银行与线下银行同步发展。在扩大银行规模方面，建行做了两件重要的事情。

一是加强科技创新，尤其是金融科技方面的升级，引进专业的高科技人才，以扩充人才的方式促进生产力的发展，加大中间业务新产品的研发力度，发现新商机、寻找新客户，拓展资金渠道，并以此扩大银行规模。

二是增加支行、网点数量。时下，许多商业银行都采取撤销网点这种节衣缩食的方法渡过难关。建行选择继续深挖区域市场，尤其是三农市场，增加网点数量，扩大银行规模，取得了不错的成绩。

二、转变经营理念

建行是中国传统四大行，同样是以传统业务，尤其是重资产业务为主。由于重资产业务存在较大的风险，比如坏账、烂账等风险，迫使商业银行及时转型。所谓转型，就是转变经营理念，多开展低风险、高回报、轻资产、易管理、技术高、组合新的中间业务。在这样的情形下，建行做到了理念上的转变，这转变也对建行开展中间业务、发展中间业务起到了强大的推动作用。

第一，由传统增贷款、争存款的理念，转变为依靠多样化、多品牌、多功能、优质金融服务的方法实现多元化盈利的理念。建行认识到，中间业务已经不是一项副业，而是一项主业，这项业务不仅拥有广大的客户群体，还可以给银行带来更丰厚的收入。

第二，树立一种传统增贷业务拉动中间业务的观念。换句话说，传统增贷业务与中间业务不是矛盾关系，而是互生共存、相互支撑的，并不存在扩大中间业务就要压缩传统增贷业务的要求。对于管理者而言，只要协调好双方的资源，加强双方互动、协助即可。

第三，不断优化产品，注入创新理念。创新是发展的动力，没有创新，就会停步不前。建行在创新理念引领下，打造了一个卓然有效的创新团队，由创新型人才带头，借鉴其他商业银行的先进经验，不断开发新产品、新服务。尤其是中间业务，因新产品、新服务的参与，给广大客户提供了更多选择的余地，提升了客户的体验。

三、提升资本充足率

商业银行不仅是服务型企业，还是资本型的金融企业。换言之，商业银行几乎所有的业务都依赖于资本，只有保持一定的资本充足率，才能顺利开展各项业务。商业银行要想不断扩大中间业务，就要提升资本充足率。建行意识到了这一点，在提升资本充足率方面，做了许多重要工作。虽然 2020 年建行资本充足率较前一年有所下降，但在 2021 年有所提升。

建行通过以上三种方式，进一步发展中间业务，使之成为建行的主要盈利点之一。

建行信贷风险防控

如今，信贷风险也是商业银行面临的重要风险之一。尤其在市场发生动荡的时刻，许多企业可能关门停业，无法继续偿还银行贷款，形成坏账、死账。还有个别客户完全是借助“骗局”恶意骗取银行贷款。某科技公司，以购置技术设备形成技术生产链为由，恶意伪造购销合同，从地区商业银行骗取200万元的银行贷款。到了贷款期限，贷款人跑路。最后在检察院、公安系统的配合下，才将骗贷的人绳之以法。但骗贷人早已经将贷款挥霍一空，没有偿还贷款的能力。这样的案子，并不少见。

信贷业务仍旧是商业银行的主要业务，也体现了商业银行的社会责任。所谓信贷，就是银行提供信用的贷款，给需要钱办理相关业务的人提供帮助，同时要求贷款人如约还款。建设银行首席风险官靳彦民介绍：建行将持续优化信贷结构，主要还是支持经济的转型升级，支持国家的高质量发展。特别是加大对制造业转型升级的支持，绿色信贷支持低碳绿色的发展，加大对战略性新兴产业等领域的资源倾斜。建行将继续发挥在基础设施领域的传统优势，支持两新一重的项目建设。建行将继续支持小微和民营企业小额贷款的普惠增长，落实好房地产相关政策，在满足个人合理购房需求的同时，加大对住房租赁业务的支持，促进房地产市场健康发展。把握扩大内需和消费升级的机遇，继续推动信用卡和个人消费贷款的持续发展。由此可见，建行非常重视信贷业务的开展。可以说，信贷业务是一项“长盛不衰”的业务，无论时代发展到哪儿，都有需要贷款的人或者单位。但是，贷款产生的风险也不容忽视，信贷风险既有不可控的、也有人为可控的。许多商业银行对信贷风险感到头疼。

一、常见的信贷风险类型

信贷风险类型有很多，常见的有三大风险，分别是信贷道德风险、信贷操作风险、信贷体制风险。

1. 信贷道德风险

这是一种关于“人”的风险，既包括银行工作人员的道德风险，又包括客户的道德风险。如今，商业银行工作人员发生的信贷风险，一种是银行工作人员违反信贷规范而造成的风险。另一种是银行工作人员没有按照银行信贷规范操作，而是帮助客户恶意造假，隐瞒事实真相，然后对客户进行放贷，这种恶意放贷行为是难以预防的，需要银行提升银行工作人员的道德素养。还有一种可能是银行工作人员工作敷衍，流于形式，审核不严，即使出现了问题，也没有进行实时跟踪，导致款项无法追回，给商业银行造成损失。客户道德风险是一种常见的信贷风险，如客户利用假合同恶意骗取贷款等。此外，存在恶意骗贷或者转移贷款，银行与客户闹矛盾导致客户恶意不还款等。

2. 信贷操作风险

它同样是一种关于“人”的风险。换言之，这种风险是可控的，也是“人”的工作失误所造成的。信贷操作风险体现在三个方面。第一，存在责权不到位的问题，责任划分不明，追债负责人没有在有效时间或者法律约定时间内完成相关工作，给商业银行带来损失。第二，缺乏执行力，上级有命令，下级没有执行，导致相关工作无法完成，形成一种“空位”。员工缺乏执行力的因素有很多，商业银行需要逐一排查，找到员工缺乏执行力的具体因素。第三，信贷监控工作不到位，或是信息技术落后，在信贷业务操作方面，出现停滞。

3. 信贷体制风险

它存在于商业银行发展早期，甚至情况比较严重。随着时代发展，各大商业银行均建立了信贷风险控制体制，只不过，信贷风险控制体制需要随着时代的发展而不断更新。

二、建行信贷风险防控措施

建行在信贷风险的防控方面，确实有一套办法，并取得了非常好的效果。建行信贷管理部总经理邓艾兵在《中国金融》杂志上发表的名为《信用风险管理须回归本源》的文章指出：预警体系是银行前瞻性应对信用风险的必备手段。要充分发挥商业银行信息系统的优势，加强数据挖掘和系统运用，既防“黑天鹅”又控“灰犀牛”，最大限度降低信息不对称带来的损失。研究表明，在客户信用风险暴露之前 180 天采取预控措施，平均风险损失率仅为 1%～2%；提前 90 天采取措施，平均风险损失率为 3%～6%；提前 30 天采取措施，平均风险损失率为 10%～20%；在没有预控措施的情况下，风险损失率达到 50% 以上。做好信用风险的前瞻性防控，一是要梳理信贷流程中的主要风险点，完善预警模型；二是要大力推进风险监控预警平台建设，实现客户信用风险统一监控，提高潜在风险有效识别能力；三是要建立风险预警刚性控制机制，对风险信号实行分级管理，提高风险化解处置能力。

上面提到的信用风险的前瞻性防控是建行在防控信贷风险中的一个措施。另外，建行有多项措施防控三大信贷风险。

1. 加强队伍建设

任何时期，商业银行都要在队伍建设方面付出足够的精力。商业银行队伍素质高低，决定了商业银行业务开展好坏。建行始终在队伍建设方面用心用力，只有高素质的队伍才能拒绝道德风险。与此同时，高素质的队伍有强大的责任感，成员督促自己去完成相关工作，尤其是客户风险的识别工作。

2. 提高执行能力

提高执行能力的办法有很多，首要的是找到员工执行不力的因素。建行在提升员工执行力方面有独特的办法，且每一个分支银行都有独特的“套路”。如建行滨州分行提出了“五个到位”，即认识到位、管理到位、监督到位、培训到位、激励到位，以此解决员工执行力不足的问题；建行石家庄分行则提出“用心、细心、付出、团结”八字纲领践行工作，继而提升员工执行力。

3. 完善考核机制

虽然诸多商业银行都有自己的信贷机制，但是还要健全考核机制，通过考核督促工作人员完成自己的工作。《信用风险管理须回归本源》中写道：一是建立以客户为中心的价值贡献考核体系，增设逾期贷款、关注类贷款等过程考核指标，增强客户经理对信贷成本的敏感性，进一步强化经营条线的风险管控意识。二是强化风险退出的激励约束机制，通过差别化考核等经济手段，加快问题贷款退出。完善并推行信贷业务考核机制，是提升业务安全性的重要方式之一。

建行通过践行多项措施，在信贷风险防控方面，取得了不俗的成绩。这些措施同样值得其他商业银行借鉴。信贷业务是商业银行的主要业务，只有业务“红旗飘飘”，才能稳固信贷业务市场，打造银行品牌。

建行金融衍生品的风险防控

除了传统业务之外，金融衍生品服务是不容忽视的。在我国，几乎所有的商业银行都有金融衍生品。金融衍生品是原生资产派生出来的一种金融产品。金融衍生品种类数量非常多，主要有远期、期货、期权和互换四类，最常见的是期货。金融衍生品具有高杠杆、高风险、高收益的特点。

金融衍生品是一种理财产品，随着收入的增加，越来越多的人选择理财。理财的方式有许多种，有人购买股票，有人购买基金，也有人直接选择商业银行的金融衍生品或者购买保险公司的理财产品等。对于商业银行而言，开展理财服务，销售金融衍生品是一条增收获利的渠道。建行在金融衍生品市场的布局方面，做得非常好。投资金融衍生品也有颇高的风险。中国证券网记者吴铭在《投资金融衍生品教训：无知不可无畏》一文中指出：金融衍生工具近 30 年来发展迅速，运用期货、期权、掉期等要素组合设计的商品金融衍生产品令人目不暇接。衍生产品设计之复杂，也出乎很多投资者的意料。在很多人看来，金融机构在销售这类复杂衍生产品时，也可能有意无意忽视了风险提示，但无论如何，从事投资或理财的人，还是应该牢牢记住天下没有免费的午餐。这类结构性产品的复杂性应引起企业和投资者的高度警惕，面对具有设计、定价优势的金融机构，切不可抱着投机的心理进行交易，同时还应自问，我真的理解这个衍生品及交易背后的风险吗？如果答案是看不懂、不理解，请慎重签约。从中，人们可以感受到金融衍生品具有一定的风险。这些风险可以分为两大类，即金融企业（银行）带给投资者（客户）的风险和客户购买所产生的投资风险。对于商业银行而言，应该对抗企业内部因素导致的风险，给投资者提供更好的服务；对投资者而言，应该积极学习并掌握金融衍生品投资的学问和经验，降低投资的失败率。

或许有人问："投资会失败吗?"既然投资有风险，就存在失败的概率。商业银行与投资者更像是一种合作关系。当然，这种合作关系也是一种服务关系，或者一种投资委托关系。金融衍生品的波动，更多取决于市场的波动。但是对于商业银行而言，做好本分工作，打造金融衍生品的风险防控体系，才能吸引更多投资者投资。

一、金融衍生品的风险种类

1. 信用风险

信用风险是最大的风险，不管是在金融衍生品的交易方面，还是在其他产品服务的交易方面。金融衍生品交易有两种，即场内衍生品交易和场外衍生品交易。不管是哪种，都存在信用风险。信用风险分为违约风险、敞口风险和赔偿风险。它们均存在于商业银行的金融衍生品交易中，这对商业银行在风险防控方面提出了巨大挑战。

2. **法律风险**

金融衍生品的交易，同样存在法律风险。众所周知，许多金融衍生品的交易是跨境交易。如果两个国家的法律不同，就有可能触及法律红线。另外，在金融衍生品交易操作时，如果交易双方处于一种不公平的状态，也极易触碰法律红线。

3. **流动风险**

通常来讲，金融衍生品的流动风险有资金流动风险和市场流动风险。资金流动风险常常发生在流动资金不足且合约期满的情况下，一方有可能因无法平仓而破产。市场流动风险特指一种缺少合约对手而平仓的风险。许多金融企业虽然推出了某项金融衍生品，但是严重缺乏市场吸引力，无法实现操作，也会产生风险。

4. **操作风险**

导致操作风险的原因很多，一些操作风险是道德风险，一些操作风险是机器设备出现故障导致的，还有一些操作风险是工作人员的操作不当造成的。操作风险是一种管理风险，只要管理到位，就可以最大限度地避免这种风险。如果一个银行存在管理漏洞，或者现场管理水平不达标，就会产生操作风险。

5. **市场风险**

市场风险是市场变化引发的风险，虽然市场的变化是无法避免的，但是市场变化所带来的风险是可以预测的，或者说市场变化所产生的问题，也可以通过一定的方法解决。市场风险是商业银行所面临的一项主要风险，而金融衍生品对市场变化是非常敏感的。如果商业银行无法有效应对市场变化，将会给企业和客户带来损失。

二、建行金融衍生品风险防控方法

经过多年研究与管理，建行找到了一些行之有效的方法，这些方法可防控以上五种风险。

1. 针对客户

无论如何，金融衍生品的风险都与客户息息相关。因此，在客户购买金融衍生品的时候，商业银行需要与客户进行详细沟通。建行在这方面的工作，落实得非常到位，针对客户的风险防控主要体现在交易前、交易中和交易后。交易前，建行工作人员与客户进行详细沟通和解释，将金融衍生品的特点以及市场风险告知客户，让客户做好购买前的心理准备。交易中，双方明确交易条款，并约定交易事项，交代清建行与客户各自享有的权利和各自需要履行的义务。交易后，建行加强金融衍生品交易的额度管理，做好风险评估工作。建行通过这种交易前、交易中、交易后的三阶段风险防控方式，不仅提升了信用等级，而且更加高质量地服务了客户。

2. 针对银行

建行在确保客户购买衍生品利益的情况下，还加强了银行内部关于金融衍生品风险的管理与控制。具体体现在以下几个方面。一是加强金融衍生品交易人员的素质交易，防止道德风险；二是打造合理构架，确保金融衍生品交易业务前、中、后台岗位分离，职能分离；三是健全金融衍生品交易制度和风险防控措施，建立风险评估机制，从根本上防范风险发生。

通过以上两大具有针对性的方法，建行在金融衍生品风险防控方面取得了巨大的进步。当然，不同的银行状况和问题不同，需要在借鉴先进风控方法的同时，具体问题具体解决。

建行校园 e 银行金融产品发展

校园 e 银行是建行的一个特色产品，也是建行电子银行的一个重要产品。如今，许多商业银行都在布局校园，旨在为学子推出适合的金融产品，并为其提供金融服务。学生是一个特殊的群体，曾经套路贷和 P2P（个人对个人）贷款，让许多学生深陷骗局，甚至让一些学生走上违法犯罪的道路。商业银行是国家提供信用背书的金融企业，应该肩负起社会使命。布局校园，不仅是一种商业行为，还是一种公益行为。为学生提供优质的、安全的、无风险的金融服务，也是对中国教育界的支持。

工商银行面向校园、针对学生推出了一款名为“大学生融 e 借”的金融产品，这款产品旨在为学生们培养健康消费习惯。另外，工商银行与中国九所大学合作，并向学子们发售“宇宙分期乐信用卡”，打破传统商业银行不向学生发售信用卡的先例。

中国银行也是传统四大行之一，也在布局校园，并且推出了“中银 E 贷 校园贷”金融服务。昆明信息港刊发的名为《中国银行首推“中银 E 贷 校园贷”》的文章写道：“中国银行许罗德副行长曾提出要鼓励商业银行在高校消费金融服务领域中发挥主体作用，为高校学生消费信贷构建一个规范有序服务体系，开发有针对性的消费金融产品，满足大学合理消费需求，全面提升高校学生金融服务的普惠水平。在产品政策上，‘中银E贷校园贷’充分考虑学生收入不稳定的特征，率先推出中长期贷款政策，业务初期最长可达12个月，未来延长至3~6年，覆盖毕业后入职阶段。同时，还将提供宽限期服务，宽限期内只还息不还本。贷款金额最高可达8000元，完全满足学生日常合理的消费需求。”不难看出，中国银行布局校园，既有商业利益的考虑，也是社会公益的现实做法。布局校园，给学生提供安全可靠的金融产品，也是普惠金融的一部分。

除了工商银行和中国银行外，广发银行也有一款产品是面向学生和年轻人的，这款产品叫“月光宝盒”。如今，许多年轻人有“月光”的习惯，“月光宝盒”这款产品就是帮助有“月光”习惯的年轻人存款。值得关注的是，“月光宝盒”不仅是一款产品，还融入了社交等功能，为学生和其他年轻人构建一个“理财生态圈”。当然，“月光宝盒”是一款理财产品，其对接的是货币基金“广发天天红”，用户在存钱的过程中，还能理财，可谓一举两得。

新华社曾经刊发过一篇名为《校园金融堵偏门开正门，银行产品创新、知识普及齐发力》的文章，文章指出：发展正规金融可以发挥“良币驱逐劣币”的作用，从源头杜绝校园贷乱象发生。专家建议，针对校园金融市场，商业银行除了要开发针对高校的消费金融产品，合理设置消费信贷额度和利率，还要建立大学生的资信和承债评级模型，并着力培育大学生的财商素养和守信意识，让学生识别金融陷阱，做好自我保护。在这样的大背景下，建行推出校园e银行是大势所趋，也是市场引导的结果。

作者童为光在《好日子》杂志发表了一篇名为《建行校园 e 银行育人模式探析》的文章，他指出：建行校园 e 银行成立于 2015 年，隶属于金蜜蜂金融品牌。该品牌以学生为中心，为学生搭建实践平台，提供校园专属优惠服务、打造校园支付生活圈，让金融产品服务贴近学生，培养学生综合金融能力。建行校园 e 银行的主要功能除了 ATM（自动取款机）的存取款、缴费、转账、查询、充值等基础功能外，还包括人脸识别体验机、互动笑脸墙、信息发布屏、互动拍照机、校园二手商品平台、移动金融体验机六个创新功能，很好地满足了学生的金融配套需求。可以看出，建行的校园 e 银行不是某一种特定的金融产品，而是一种面向校园的综合金融服务。

大学生是一个不容忽视的客户群体，许多大学生拥有一定的财务处理能力，但是不一定有良好的规划能力。建行的校园 e 银行，可以帮助大学生培养这种规划能力。还有许多学生在大学校园里就开始创业了，对金融服务有着较为专业的需求，建行的校园 e 银行也能帮助大学生们实现创业梦。另外，校园 e 银行是一个平台，这个平台是体验平台、交流平台、展示平台。

1. 体验平台

建行校园 e 银行除了为学生客户提供存取款、缴费、转账、查询、充值等基础业务外，还提供银行卡闪充等服务，给学生们提供非常好的金融服务体验，满足学生用户的基本金融需求。

2. 交流平台

建行的校园 e 银行提供了人脸识别体验机、互动笑脸墙、信息互发屏、互动拍照机、校园二手商品平台、移动金融体验机功能，满足学生用户的交流需求，为学生打造金融交流平台。

3. 展示平台

校园 e 银行也是建行宣传其他金融产品和金融服务的窗口，可以面向校园用户进行有效投放、精准投放，在宣传产品与服务的时候，推广建行品牌。

如今，建行的校园 e 银行已经逐渐在国内校园金融市场站稳脚跟，虽然其产品和服务需要继续提升，但是未来值得期待。

第四章

建行成本管理

建行全面预算管理

预算管理是商业银行内部管理的一项重要工作。如今，利率市场化持续深入，加之外部环境的金融监管越来越严，国内商业银行的经营环境发生了巨大的变化。商业银行面临着巨大的挑战。在存贷利差逐渐摊薄、管理成本持续增加、监管风险逐渐累积的情况下，各大商业银行只有本着“控风险、提质效”的原则，顺应时代变化，全力而为。

什么是预算管理呢？预算管理是指企业在战略目标的指导下，对未来的经营活动和相应财务结果进行充分、全面的预测和筹划，并通过对执行过程的监控，将实际完成情况与预算目标不断对照和分析，从而及时指导经营活动的改善和调整，以帮助管理者更加有效管理企业和最大限度实现战略目标。商业银行的预算管理，也叫全面预算管理，它能够给商业银行的内部管理提供全面的支撑与帮助。通常来讲，预算包含四个方面的内容，即营业预算、资本预算、财务预算、筹资预算。预算是一种行为量化工具，旨在给商业银行管理者提供管理方案和决策方案。可以说，一切都离不开预算。

商业银行是金融服务企业，更加需要建立全面预算管理体系。但是现如今，一些商业银行缺乏预算管理意识，没有建立完善的全面预算管理体系，致使内部管理出现问题，商业银行的发展异常缓慢，甚至停滞不前。造成这一状况的原因是多方面的，其中有一个重要原因是商业银行的绩效考核往往将高层管理者与基层员工分离，致使预算管理分离，发挥不了作用。还有一些商业银行的绩效考核依赖于银行的存款数，以致起不到预算管理的作用。正因如此，商业银行更加需要对预算进行全面规划与调整。除此之外，一些商业银行虽拥有全面预算管理体系，但是这套体系无法融入该商业银行的整体发展规划，致使全面预算管理体系失效。在当前激烈竞争的金融市场面前，中国的商业银行应该树立全面预算管理意识，建立全面预算管理体系，完善预算管理体制，加强监管，督促该项工作顺利进行，并且形成问题解决方案，防止预算管理风险。管理大师杰克·韦尔奇说："如果你无法用数字表达你所知道的东西，那么实际上你所知无多；如果你所知无多，就无法管理企业。"

一、全面预算管理的意义

全面预算是企业现代化的标志，也是商业银行顺利发展的标志。当前，许多商业银行重视外部营销，却忽略内部预算管理，即使运营中出现问题，也找不到解决问题的办法。了解全面预算管理的意义，旨在培养商业银行管理者预算管理意识，加强商业银行内部的预算管理工作。建行在开展这项重要工作的时候，也是从意识培养工作开始做起。因此，了解全面预算管理的意义是非常重要的一个环节，这也是商业银行管理者需要上的一堂必修课。

如果全面预算管理与商业银行的发展规划是一致的，或者是兼容的，它将发挥很大的作用，例如，帮助商业银行制订出科学的财务计划。银行离不开财务计划，全面预算管理可以让商业银行的内部资源分配更加合理，管理更加有效。

全面预算管理的主要内容涵盖了建立治理结构、编制预算计划、控制预算执行和评估预算结构四个方面，这些内容将会对商业银行的会计管理、风险管理、资产管理、内部审计等工作产生巨大影响。

全面预算的编制过程就是对银行的经营情况和财务情况进行科学分析和全面评估的过程。全面预算管理通过对商业银行预算目标的量化与分析，设计出符合实际情况的体系，继而确保商业银行的预算任务得到贯彻和执行。另外，全面预算管理作为有效提升商业银行内控水平和资源利用效率的有效手段，已经得到了许多商业银行管理者的重视。换言之，全面预算管理确确实实是一套行之有效的管理方法，在商业银行经营和发展战略中发挥作用，帮助商业银行提升市场竞争力，实现商业银行的可持续发展之路。

二、建行的全面预算管理做法

最初，建行的管理者也缺乏预算管理意识，导致建行在内控管理方面走了不少弯路。之前建行管理者的考核指标主要分布在风险控制、业务规模等层面上，并没有把预算考核结果纳入管理层业绩考核，导致管理层缺少对全面预算管理的整体了解，继而导致全面预算管理力度偏低。那么，建行是如何解决这个问题的呢？又有哪些地方值得其他商业银行借鉴？

1. 加强全面预算管理意识

意识不但需要培养，更需要加强。就像一位企业家所言：企业管理意识决定着企业未来的走向。意识决定方向，方向就是出路，有了出路，企业才会发展。建行做的第一件事，就是从高层到中层，从管理层到执行层，都树立了全面预算管理意识。尤其是管理者，当他们加深对全面预算管理的认识与理解，就会根据组织发展规划去设计全面预算管理的框架，并形成可执行的目标，继而在管理中坚持科学全面预算，将全面预算管理融入银行管理。

2. 合理解决全面预算管理问题

建行在预算管理方面曾存在问题，大体可分为三类：缺乏明确的战略建设发展标准、预算管理机制不完善以及预算编制不合理。找到问题，就要逐一解决问题。建行针对以上三类问题，明确战略建设发展标准（结合预算），健全预算管理机制，科学规划预算编制。通过这三个办法，建行解决了全面预算管理的问题。

3. 培养预算管理人才

商业银行缺乏全面预算管理能力，也与商业银行的人才结构有关。如果商业银行缺乏预算管理人才，就会吃这方面的亏。很显然，建行早早意识到了这个问题，然后开始有计划地培养预算管理人才，尤其是复合型人才。有了这方面的人才，全面预算管理工作才能持续、科学、有效开展下去。

建行在全面预算管理方面已经取得了不小的进步，尽管还有一些不足，但是仍值得其他商业银行学习。全面预算管理是一项常态工作，商业银行应该将预算管理与风险管理、绩效管理、人力管理、成本管理等列为同一等级的管理，让预算管理在商业银行经营中起作用。

建行成本管理策略

任何一个企业组织都会产生管理成本。有些企业能够盈利，除了因为产品盈利以外，还因为降低了管理成本，从管理中挖掘出了利润。如果产品不赚钱，管理成本也居高不下，这家企业极有可能会亏本。许多企业家都在讲管理优化，管理优化的目的就是提高管理效率，降低管理成本。在一个企业组织中，管理成本是一项重要的支出，且占据了较大的比例。商业银行也是企业，商业银行的管理成本也是非常高的。企业经营需要精打细算，节省各种成本是非常有必要的。商业银行的成本有许多，包括管理成本、宣传成本、服务成本、研发成本、技术升级成本、活动成本等，这些相加便组成了整个商业银行的总成本。如何科学管理这些成本呢？前面提到了预算，预算是成本管理的第一个环节。只有做好充足的预算管理工作，才能进行成本管理。本章的内容并非各自独立，而是相互关联，形成一整套体系。

一、商业银行成本管理的作用

成本管理是现代管理学的一个概念，也是一种管理方法。成本管理是指企业生产经营过程中成本核算、成本分析、成本决策和成本控制等一系列科学管理行为的总称。成本管理由成本规划、成本计算、成本控制和业绩评价四项内容组成。成本规划是根据企业的竞争战略和所处的经济环境制订的，也是对成本管理做出的规划，为具体的成本管理提供思路和总体要求。成本计算是成本管理系统的信息基础。成本控制是利用成本计算提供的信息，采取经济、技术和组织等手段实现降低成本或成本改善目的的一系列活动。业绩评价是对成本控制效果的评估。从以上定义中，可以得知成本管理的意义和作用。

第一，成本规划为具体的成本管理活动提供思路和总体要求。

第二，成本计算帮助管理者从组织经营角度出发，更宏观地找到成本控制的办法，并为成本规划、成本控制与业绩评价构建体系。

第三，成本控制是利用成本计算提供的信息，采取经济、技术和组织等手段以降低成本。

第四，业绩评价可以改进原有的成本控制活动和激励约束员工、团体的成本行为。

因此，商业银行管理者应主动落实成本管理工作，帮助商业银行实现降低成本的终极目的。

二、商业银行成本管理存在的问题

在我国，商业银行在成本管理方面，还是存在一些问题。建行这些年的发展之路并不平坦。建行曾经存在的成本管理难题，诸多商业银行也都曾遇到过，具体情况如下。

1. 成本管理落后于银行其他业务发展

如今，许多商业银行为了抢占新市场，都在积极努力地开发新产品、新服务。从市场的角度看，这是一件好事。但是，只有成本管理与新产品、新业务的开发相互契合、达成一致，才能相辅相成。许多商业银行的做法是顾此失彼的，无法同时兼顾成本管理与其他新业务的开发。因此，当成本管理落后于银行其他业务发展时，就会造成管理脱节，影响整个商业银行的发展。

2. 缺乏有效的成本管理考核

有一位商业银行管理者说：“商业银行并不缺乏有效的考核体制，甚至是有各种各样的考核，但是这些考核主要针对现场工作、业务工作和其他相关的服务工作……”不少商业银行可能缺乏对成本管理的考核。缺乏这一有效考核的结果是，成本管理的效果不佳，远远无法体现成本管理的价值。

3. 成本管理系统本身存在问题

许多商业银行在金融科技方面取得了不错的成绩，但是仍在沿用落后的成本管理系统。落后的成本管理系统不仅无法适应日新月异的发展，而且存在相当多的漏洞。

以上三个方面的问题，是当下许多商业银行存在的问题。建行针对这三个方面的问题，提出了精准的解决办法，形成了一套行之有效的成本管理策略。

三、建行成本管理策略

早在 2009 年，建行就开始推行成本管理工作。建行不仅重视成本管理工作，而且提早布局，加强内部学习和培训，让分支行的管理者和员工认识到成本管理的重要性。

1. 加强考核，完善体系

建行加强对成本管理的考核和与成本相关的其他岗位工作的考核。加大考核力度，让成本管理更加有效。与此同时，建行完善成本管理考核体系，并将该体系完全融合到全面管理与考核中。

2. 不断优化成本管理系统

落后的成本管理系统是无法适应时代发展的。建行在打造成本管理系统的时候，使用了一种更新和与时俱进的思维。我认为，在新时代背景下，只有使用最先进的成本管理系统，才能解决成本管理问题。

3. 引入有效的成本管理法

成本管理的方法有很多种，并不是所有的方法都是有效的。另外，不同的商业银行，面临的问题不同。建行通过引入更加有效的成本管理法，如作业成本法等，帮助计算作业成本，完成成本分配与成本管理的工作。

有人说："只有重视成本管理的企业，才能守住自己的成果。"建行的成本管理系统是完善而有效的，商业银行拥有了完善的成本管理系统，加强成本管理考核，及时更新管理体系和管理方法，才能解决最终的成本管理问题。

建行成本管理优化

成本管理既简单，也复杂。只要商业银行拥有完善的成本管理体系，就可以开展成本管理工作。与此同时，成本管理要随时优化，管理方案也要与时俱进。换言之，成本管理只有在不断优化中才能发挥其作用。许多商业银行都有特有的成本管理优化方式，也有自己的成本管理方案。这些优化方式和方案，是可以互相借鉴的。本书旨在介绍并推广建行的成功经验，为广大商业银行提供优秀的管理经验和管理方法，让广大商业银行的管理者掌握一套优化、改进成本管理的方法，不断更新成本管理系统。

丰田汽车公司是享誉世界的汽车公司，因产品品质优良，颇受消费者青睐。令诸多企业管理者津津乐道的是，丰田汽车公司的成本管理也是世界顶级的。丰田汽车公司通过成本管理降低了各种各样的管理费用，提升了汽车整车的利润比例。曾经有一位企业家说："从客户手里赚到一块钱是非常难的，但是想要从自己身上节省一块钱，相对会容易一些。"丰田汽车公司深谙此道，采取了一种适时制生产的方式，这种生产方式的核心思想是消除一切无效的劳动和浪费，在市场竞争中永无止境地追求尽善尽美。

适时制生产是丰田汽车公司控制成本或者说是进行成本管理的重要一环，主要体现在两个方面：第一，零部件供货商或者装配厂商靠近零售终端，以此节省物流运输等费用；第二，严格控制产品规格，产品规格变化小，久而久之，成本就下降了。

均衡化生产也是丰田汽车公司进行成本管理而做出的尝试。如果所有的生产环节是均衡的、可控的，严格符合逻辑的，就会形成一条高效的流水线。这会提升效率，也会减少因错误逻辑而产生的浪费。丰田汽车公司贯彻均衡化生产，"没有一枚可以浪费的螺丝"。当今流行的节约文化也是成本管理的一部分，办公室内的每一张 A4 纸都会被充分利用。事实上，成本管理的精髓不是盲目节省开支，而是想办法做到不浪费。

适时制生产的一个标准是全面质量管理。如果一个企业，节省成本的前提是牺牲产品质量，不但无法起到成本管理的作用，反而会弄巧成拙。节省成本与保证产品质量并不矛盾，完全可以在某种条件下达成一致。丰田汽车公司坚持以销定产，因此不会产生浪费，更不会生产多余的、过剩的零部件。与此同时，丰田汽车公司的管理制度力争让每一名员工都充分发挥主观能动性。由此可见，这样的成本管理与控制是非常科学和严谨的，起到了相当大的作用。

有人说："降低成本就需要不停地改革、改革、再改革！"这里的改革是指不停优化、更新，让企业组织管理更加有效。商业银行有研发部门、技术部门、销售部门、服务部门等，这些部门的运营，会产生各种各样的成本。例如，许多商业银行都在举办各类营销活动，这些活动常在商圈、园区举行。一些商业银行非常大方，活动期间会送出许多礼品，但是很难收到成果。一些商业银行定期组织贵宾答谢活动，活动结束之后，现场剩下大量的物料，这些物料又难以在下一场活动里继续使用，只能内部消化，造成浪费。还有一些商业银行，一味扩大规模，但是没有做好充分的预算准备。一旦某网点业务量屡屡不达标，就只能选择取消该网点。这样的做法，更是一种浪费。俗话说："钱不是大风刮来的。"只有不断革新、不断优化成本管理，才能取得良好的管理成果。

成本管理的成功案例非常多，甚至每一家"百年老字号"都有一套成本管理的方法。建行的成本管理优化方法，主要体现在以下几个方面。

一、扩展成本管理层次

通常来讲，企业组织的管理层包括以董事长为核心的决策成本管理层，以核心管理团队为主的管理成本管理层和以营销（生产）为核心的经营成本管理层。建行优化的第一个方面就是扩展成本管理层次，让成本管理在建行各个部门都发挥作用。管理层、营销部门、服务部门、厅堂和现场部门，甚至连技术部门以及安保部门等都有成本管理考核的目标和任务。这个方法看似非常麻烦，但只要形成了模块和流程，就会变得简单，如同分配考核任务，分配到各个部门，交由各个部门去完成即可。

二、树立超前成本控制理念

许多商业银行采取一种即时状态的成本控制理念，而非超前的成本控制理念。建行则不同，建行提倡超前思维，提前对影响成本的各种因素进行分析，建立模型，构建成本管理体系。这样做的目的，就是防患于未然。另外，这种超前成本控制的理念是一种计划性的成本控制理念，提前对成本管理进行布局，等同于提前打补丁。这种理念，让建行在成本管理方面受益良多。

三、部门（资源）整合

商业银行拥有多个部门，每个部门负责的项目不同。许多部门既独立又相互关联，这些部门同处于一个相对大的系统之中。成本管理是一个系统工作，有时候需要多个部门共同完成。因此，建行将同处于一个系统内的部门整合，将资源整合后，再进行成本管理。

建行借助扩展成本管理层次、树立超前成本控制理念和部门（资源）整合，优化了成本管理体系，加强了成本管理力度，提升了成本管理效果，为良好发展埋下了伏笔。

建行资金运营管理

商业银行是与钱打交道的单位，资金运营管理是必不可少的。几乎每一家商业银行都有负责资金运营的部门，即资金运营部。

一、资金运营部的工作及意义

通常来讲，商业银行资金运营部需要做好以下几个方面的工作。

第一，负责商业银行的资金运营，检测与资金运营相关的金融活动的合法性和安全性。

第二，按照要求坚持合法、合规的票据业务。

第三，坚持同业存放和存放同业两个业务的运营管理和操作。

第四，开展债券业务，并且对债券业务市场进行分析，从市场中获得客户信息，开发客户资源。

第五，与资金相关的风险控制，监控并记录商业银行资金运营的合法状况。

第六，长期与人民银行等相关机构保持联系，并且按照上级指示，做好与资金相关的业务工作。

第七，帮助商业银行赚钱。

随着时代的发展，以及市场的变化，诸多商业银行搭建资金运营管理部门。《中小银行扎堆设立资金运营中心》的文章中指出：成立独立运营的资金运营中心，对银行的经营转型和金融市场业务开展非常重要，这主要体现在三个方面。一是可以提升经营效率。作为独立注册并具有金融许可证资质的专营业务主体，资金运营中心的成立有利于各类资金与金融市场业务的开展和管理，提升市场响应速度与竞争能力，提升经营效率。二是可以吸引人才。资金运营中心独立经营，有利于建立更贴近业务特点的人力资源管理体系，从招聘、培训、绩效、薪酬等层面加强专业人才队伍建设，不断提升员工队伍专业能力与水平，持续增强业务核心竞争力。三是资金运营中心的成立可以有效激发创新活力。

二、资金运营管理方面的问题

商业银行成立资金运营管理部门是非常有意义、有价值的事情。部门成立容易，资金运营管理却不容易。包括建行在内的几乎所有商业银行，在资金运营管理方面，可能都曾经遭遇了这样一些问题。

1. FTP① 市场导向功能不清晰

FTP 市场导向功能不清晰会导致一系列的风险。第一，会引起商业银行资金业务的外部利润与 FTP 内部利润不一致，这种不一致可能引发套利风险；第二，这令商业银行在司库管理方面只能沿用传统经验解决问题，无法体现资金运营管理的价值。传统经验并不能解决不断发展而形成的问题，只有 FTP 具备清晰的市场导向功能，才能帮助商业银行获取到更新的管理经验。

2. 流动性管理存在问题

通常来讲，流动性管理的问题主要是“权、责、利”不统一的问题。在一个商业银行，可能存在这样的情况：部门“利字当头”，有好处的时候大家抢，遇到问题的时候就推诿扯皮，与之相关的资金运营和资金管理也会出问题。我国绝大多数的商业银行的资金运管由司库管理，银行司库部门发出指令，与之相关的部门需要积极配合并执行。如果司库部门与其他合作部门存在“权、责、利”不统一的问题，资金运营管理就会出问题。

3. 资金配置方式落后

可以说，中国的许多商业银行，包括建行在内，其资金配置方式是非常传统的。这种传统的资金配置方式侧面体现了银行稳扎稳

① FTP 是指商业银行内部资金中心与业务经营单位按照一定规则全额有偿转移资金，达到核算业务资金成本或收益等目的的一种内部经营管理模式。

打的作风，有值得肯定的地方。但是，传统的资金配置方式可能无法适应当前时代的发展，有时传统可能意味着落后。落后的资金配置方式，可能会引发资金运营管理的风险，而且可能降低银行的相关收益。

4. 资金配置决策缺乏针对性

虽然绝大多数商业银行都能够对资金的使用和流向进行严格监督，但这并不意味着资金配置决策是有针对性的。如果决策没有针对性，将会造成不良影响。一是会引起资金配置的混乱无序，给商业银行带来损失。二是会让部门业务脱离总行的管辖，给商业银行的运营管理带来风险。三是容易被其他内部因素和外部因素所干扰，让资金运营管理更加困难。

三、建行资金运营管理策略

要想做好资金运营管理工作，商业银行必须要拿出行之有效的管理策略。在这方面，建行做出了表率，给其他商业银行提供了范本。

1. 明确决策方向

资金运营管理应是一个条理清晰、逻辑严谨、方向明确的事情，商业银行的管理者必须要明确资金配置的决策方向。建行意识到上述问题，不仅明确了决策方向，给资金配置提供了路径，而且确立了资金配置中心的地位和作用，改善了建行资金配置的状况，解决了区域资金配置不平衡的问题。

2. 完善 FTP 体系

如今的建行，在人力配置方面，有着强大的后盾。只要建行完善了 FTP 体系，就会有专业人才去运营管理。此外，建行让 FTP 起到了市场化的引导作用，资金运营管理团队有了明确的方向指引，能够科学分析出银行各种产品的利润点，并与建行内部的其他部门相互协调，完成资金运营管理的整体工作。

3. 加强资金运营管理的风险防控

资金的流动本身就会带来风险。有管理的地方，就有可能产生管理风险。建行在资金运营管理工作开展之前，就已经加强了资金运营管理的风险防控工作。

如今，建行的资金运营管理工作落实得非常到位，资金运营管理安全、合理，资金配置不断优化，带来了新的利润增长点，提升了建行各部门之间的配合度、执行度。

建行成本精细化管理

精细化管理是当今时代各大银行推崇的管理理念之一。俗话说："细节决定一切。"精细化管理就是一种细节体现。现实中，许多商业银行管理者总在叹气，不知道利润跑到了哪里。著名管理学家汪中求说："如果一个企业能够杜绝 10% 的浪费，那么这个企业将会增加 100% 的利润。"管理大师彼得·德鲁克也曾在自己的著作中写道：在企业内部，只有成本。除非一个企业产生的利润大于其资本成本，否则这个企业是亏损经营的。到挣足它的资金成本以前，企业没有创建价值，是在摧毁价值。德鲁克的这番话，指出了成本与企业之间的关系。因此，商业银行管理者要不停地问："成本是什么？如何才能控制成本？"

或许有人会问："商业银行不是生产企业，哪里有什么成本?"成本无处不在，管理有管理的成本，运营有运营的成本，风控有风控的成本，开发产品和技术支持也有相应的成本。风控不到位，还可能造成损失，这些损失也是成本。前面提到，无论管理什么，都要重视细节，应采取精细化的成本管理与资金运营管理。国内知名的企业管理者张灿松在《成本精细化管理：砍掉浪费、利润倍增十大攻略》一书中写道："砍掉浪费，让利润倍增，是每一个企业所追求的目标和日常谈论的主题。当今的市场竞争是人才的竞争，是产品质量和服务质量的竞争，更是成本的竞争。你的企业浪费越少，制造成本越低，你获得的利润也就越多。企业只有以最小的投入获得最大的产出，才能持续经营下去，才能变成真正的'百年老店'……在目前这样一个竞争相对饱和的社会里，在这个'供过于求'的商业世界，我们还能奢望自己的销售利润每年都高速增长吗?一个企业或者一个产业，从高利润阶段步入平均利润阶段，再进入微利阶段，这本是产业与企业发展的基本规律。利润走低是行业走向成熟的表现，每个企业都有可能迎来利润逐渐下滑的阶段。中国企业已经开始反思，生产经营中不仅要考虑产量和质量，还要考虑原材料成本大幅上涨、成本控制和精细化管理等问题。企业竞争越来越激烈，为了抢占市场拼得你死我活，一个又一个曾经辉煌的企业倒在微利竞争的大环境中。在这种情况下，中国企业必须马上吹响砍掉浪费、削减成本、降低消耗的集结号，必须突破微利时代的成本瓶颈，让消失的利润重新回归。"如今，商业银行"躺着赚钱"的时代已经一去不复返，只有选择精细化管理，才能节流、节支，从中挖掘出利润增长点。

建行采取了成本精细化管理，除此之外，建行还在推行服务精细化管理、营销精细化管理、合规精细化管理等。在我国，许多商业银行长期存在“重效益、轻管理；重产品，轻服务；重业绩，轻风险”的情况，这是不协调的，是粗放式的，无法给商业银行的成本运营管理带来实质性的帮助，反而会产生成本问题。建行是怎么做的呢？建行的成本精细化管理打破了原来的传统，即所谓的费用控制法，更多从源头、细节出发，解决成本管理的终极问题。早在2005年，建行就开始了成本精细化管理工作。2005年，建行官网刊发了一篇名为《建行推出成本领先战略》的文章，文章指出：一是树立全员成本控制理念。由成本控制委员会统一领导和部署，在全行范围内广泛宣传成本控制理念和成本领先战略。要求各级分行、部门和员工，尤其是各级管理人员都能牢固树立成本意识，率先节约成本支出，切实履行起成本控制职责，让每一位员工都充分认识到实施成本优先战略对股份制商业银行的重要意义。二是推行差别化分类成本管理制度。根据商业银行成本支出性质和支出刚性的不同，运用国际先进的成本控制理论与科技手段，合理控制全行的成本支出总量，调整成本支出结构，着手研究制定动态的差别化分类成本管理办法。三是建立成本控制绩效评价体系。对该行各级机构实施成本控制的实际成效实行定期的信息反馈制度，并研究制定相应的奖惩措施，形成一套科学合理的成本控制绩效评价体系。四是实施成本控制的业务流程再造。对涉及成本控制的各项业务流程进行梳理，优化整合现有成本控制的各种手段、方式和方法。以上四条都是具有针对性的，体现了建行在成本管理方面的用心。除此之外，建行在细节上更是精雕细琢，以防成本的“跑、冒、滴、漏”。

一、优化营业网点租赁成本

众所周知，商业银行的分支网点通常设在人流相对比较密集的商圈、园区和社区，在人流量大的位置设置营业网点，会产生较大的租赁成本。建行为了优化租赁成本，做了以下几件事。

第一，合理规划营业网点，适当增加智能网点的比例，以降低租赁成本，优化分支网点分布结构。

第二，多方比对，寻找性价比高的出租房源。

第三，引入第三方，与第三方进行合作，以节省相关开支。

第四，采取“压单价”或者“合同递减”的方式控制营业网点的房租价格，以此达到优化成本的目的。

二、优化外包项目成本

如今，商业银行也有大量的外包项目，通常是商业银行不擅长的，或者是商业银行认为值得外包的项目，比如技术升级、外部培训等。这些外包项目，同样会产生一笔开支。建行在优化外包项目成本方面采取的方法包括以下几点。

第一，外包项目由总行统一管理，严把外包关，层层审批，降低外包项目审批的风险和损失。

第二，有效整合外包项目，由相关部门牵头，完成外包工作，降低外包成本。

第三，对外包项目进行严格监督，并且做好核查和收尾工作，严格按照外包质量等级结算费用。

三、优化闲置资源成本

几乎每一家企业、组织都有闲置资源，如果大量的闲置资源没有得到利用，就会产生浪费。商业银行需要优化闲置资源，盘活闲置资源，利用闲置资源，让闲置资源发挥作用。建行在优化闲置资源成本方面做了以下三项工作。

第一，搭建银行内部共享平台，将各个部门串联起来，共享闲置资源，盘活闲置资源。

第二，对于长期不使用的闲置资源，或者已经淘汰的闲置资源，进行压缩打包处理。

第三，对于闲置的房屋资源，建行采取商业出租或者商业合作的模式，将其充分利用起来，然后变现。

除了上述三个方面的自由优化方案外，建行在许多板块和管理领域，都采用成本精细化管理，继而达到挖潜增效的目的，非常值得广大商业银行管理者去学习借鉴。

对建行成本管理战略转型的思考

成本管理是一项重要工作，关系到一个企业组织的存亡。如今，许多商业银行都在经历转型的阵痛，这种阵痛源于不断提升的各种成本和不断下滑的产品或服务利润之间的矛盾。换言之，一个商业银行只有想尽一切办法降低或者控制成本，想尽一切办法提升产品和服务的利润空间，才有可能转型成功。许多商业银行重视产品和服务，却忽略成本管理。甚至有一些银行管理者认为：银行转型，需要进行“瘦身”。许多商业银行都在进行“瘦身”，疯狂地砍掉分支网点，将业务转移到网上银行。但是，网上银行具有一定的局限性，许多用户依旧选择体验感更好的线下银行。《今年上半年关闭1318家分支机构　身边的银行网点为什么越来越少》指出，2020年上半年国有六大行关闭网点的数量约占总量的三分之一，具体来看：

中国农业银行125家、中国银行88家、中国建设银行82家、交通银行76家、邮政储蓄银行68家、中国工商银行48家，总计487家银行网点，占比36.95%。从区域上来看，2020年上半年北京关停商业银行网点27家、上海关停11家。关停数量较多的为以下几个省份：广东103家、山东83家、浙江省84家、江苏省49家，共关停319家，占全国商业银行关停网点总量的24.20%，接近四分之一。从网点类型来看，社区支行是各银行“瘦身”的重点。2020年上半年，一共有318家社区支行退出市场，其中民生银行就有59家，兴业银行26家，光大银行18家。

如此多的商业银行选择以“瘦身”的方式节省开支、压缩管理成本，可能有人会问：“这种做法有效吗？”效果肯定是有的。随着互联网技术的发展，越来越多的用户选择快捷、方便、不需要预约排号、全天候的线上服务。几乎所有的商业银行都有线上服务中心，建行也有自己的网上银行，为客户提供优质的线上服务。但是，商业银行还有更多服务需要线下营业网点的参与，盲目“瘦身”可能会导致整个银行业务收缩，市场竞争力也随之减弱。因此，许多商业银行的管理者正在思考：如何才能科学进行成本管理？

传统的成本管理中，商业银行总是在传统的会计核算成本上下功夫，不管是采用了怎样的成本管理办法，都是在财务数字上做文章。这种传统的成本管理方法有一定的效果，但不是长久之策。

建行是如何进行战略转型呢？《中国银行业》曾经刊登了时任建行董事长王洪章的一篇名为《建设银行转型：因势谋变再造发展新优势》的文章，其中写道：“从企业级层面推进集团化、规模化资源统筹，对银行经营全要素进行优化配置，实现流程精益、运营集中、技术集成、成本节约、效率提升、管理科学……四是节约运营成本。

实施集约化转型以来，全行成本收入比由2014年的28.9%降至2016年的26.7%（还原营改增因素），该指标在国内银行业保持领先。五是优化资源配置。财务资源配置上，增加对战略转型和基础性业务领域的资源配置，压缩一般行政费用和基础运营费用，腾挪出的财务资源用于支持转型发展重点领域。资本配置上，向低资本占用、高资本回报、轻资产的业务倾斜，实施资本精细化管理，实现了表内外加权风险资产增速大幅低于业务增速。人力资源配置方面，通过科学定编、定岗、定员，精减压缩机关和中后台人员，提高直接创造价值的基层一线人员占比，将集约化释放出来的人员向经营部门配置。”这段话涵盖了近几年建行在成本管理战略转型方面的做法，可以细致总结为以下几点。

1. 成本管理集约化

成本管理集约化，主要体现在“集约化”三个字上。所谓“集”，就是集中，集合建行内所有部门、所有力量，即人力、物力、财力等；所谓“约”，就是节约、约束。集约化的成本管理就是集中所有的资源和部门，一起节约，并约束浪费的行为。这看上去是一种笨办法，但十分奏效。

2. 压缩行政费用和基础运营费用

商业银行不是一个行政部门，而是一个公司。早年间，诸多商业银行仍旧带着行政部门和管理部门的影子，在行政方面投入了太多的人力和物力。建行发现了这个问题，转型就是要甩掉这些与企业不相符的东西。压缩行政费用，就是一种转型的做法。基础运营费用太大，会影响新项目运营支出。从某个角度看，转型意味着压缩传统项目，开辟新项目。这样的做法，更多体现了建行转型、改革的决心。

3. 资源配置转型

传统的资源配置是因传统业务而产生的。当商业银行开始转型，就需要对资源进行重新配置，而这一过程，就是成本重新分配、二次管理的过程。建行的资源配置转型如王洪章所言：资本配置上，向低资本占用、高资本回报、轻资产的业务倾斜，实施资本精细化管理；人力资源配置方面，通过科学定编、定岗、定员，精减压缩机关和中后台人员，提高直接创造价值的基层一线人员占比，将集约化释放出来的人员向经营部门配置。

通过上述做法，建行在转型期间，做好了成本管理工作，实现了转型伟业。转型与成本存在紧密关系，其他商业银行也要在成本管理方面多下功夫。只有做好成本管理工作，才能推动商业银行转型。

第五章
建行客户管理

商业银行面临的新挑战

商业银行在转型之际，在新市场形势面前，都将面临新挑战。2019年，中国互联网金融协会李倩指出："从资源投入看，90%的调研银行正加大数字化转型方面的投入力度，但各银行规模差异较大。30%的调研银行2018年信息技术投入占总营收比例为1.5%～3.0%，26.5%的调研银行该比例超过5%。60%的调研银行信息技术人员占总员工比例低于5%，12%的调研银行该比例超过30%。商业银行面临战略、组织、人才、数据等方面挑战。商业银行数字化转型是一项复杂的系统工程，不可能一蹴而就，也不可能一劳永逸，我们期盼着金融监管部门从业机构、行业自律组织，以及学术研究机构，包括媒体的同人，加强沟通共同努力，有序推进商业银行数字化转型，在提升服务实体经济能力，促进普惠金融发展的方面发挥更加积极的作用。"如今，市场环境和用户习惯都已经发生了变化，这迫使商业银行做出转变。大部分商业银行面临着四大挑战，即战略挑战、组织挑战、人才挑战和数据挑战。建行面临的挑战，与其他商业银行面临的挑战几乎是一样的。

一、战略挑战

银行转型早在十年前就已经被广泛提及。互联网金融公司的不断发展，以及其对市场的争夺，使剩余的资源越来越少。互联网金融企业崛起，保险企业进军银行业，已经成为事实。早在 2012 年，云南财经大学教授胡少华在《当代金融家》杂志中发表了一篇名为《新形势下我国商业银行的战略转型》的文章，其中写道："首先，随着全球经济金融步入后危机时代，监管约束的强化加大了商业银行转型的压力。其次，经济发展方式的转变要求商业银行进行战略转型。最后，金融环境的变化激起了商业银行战略转型的活力。"换言之，商业银行战略转型势在必行。我国商业银行（包括建行在内）一直面临四大战略挑战。

1. 零售战略的挑战

中国商业银行的传统业务是信贷方面的业务，或者是以"企业"业务为主，这与商业银行常年坚持的"二八原则"有关。随着"大客户"的资源减少，许多商业银行开始有计划地开展零售业务。但是，商业银行的零售业务布局有些晚，许多市场早已经被互联网金融公司瓜分。零售市场是未来商业银行与互联网金融公司的必争之地，商业银行的零售战略遭受挑战，只有积极应对，才有可能打赢胜仗。

2. 金融战略的挑战

随着时代的发展，任何业务和服务都会发生变化。在一个更加体现服务价值的时代，商业银行更要求新、求变。传统的重资产业务，是否可以向轻资产业务转变？传统的储蓄、贷款业务，可否向理财、投行业务偏移？这是一个机遇，也是对商业银行金融战略的挑战。

3. 业务战略的挑战

就目前来看，商业银行的业务战略是传统的，而且确实没有太好的、太有个性的产品或服务出现。商业银行传统业务以量取胜的优势也渐渐消失殆尽，取而代之的是各种平台。如果不是背靠国家这棵大树，恐怕其早已经被互联网金融企业冲击得七零八落。商业银行管理者应该反思，问题到底出在了哪儿？

4. 科技战略的挑战

未来金融企业的竞争，是人才和科技的竞争。有人问："不是服务为王，体验为王吗？"当服务和体验的数据相等、差异减小，竞争就变为科技与人才的较量了。虽然建行积极布局金融科技，但并不见得比竞争对手更加出色，这样的挑战也将长期存在。

二、组织挑战

如今，商业银行似乎都在布局金融科技，寄希望借助科技提升银行竞争力，继而打造银行品牌。但是，许多商业银行，包括建行在内，却忽略了组织力这一方面的重要内容。任何一个企业组织，无论开展怎样的活动，或者进入某一个新领域，都需要强大的组织力。如果组织力跟不上，也就无法运筹帷幄，无法顺利转型。有过多年金融管理经验的济南大学商学院教授赵建在演讲中表达了自己的看法："金融科技作为一种生产力正颠覆式地改变银行业，但银行当前面临的最大挑战不是科技问题，而是组织问题。新时期中国银行业的主要矛盾是人民群众对新兴金融服务的向往与金融发展不充分、不平衡的矛盾，本质上是以金融科技为代表的生产力快速发展

（摩尔定律）与生产关系（机关科层组织）之间的矛盾。”因此，商业银行应该将解决矛盾当作一个基础性的课题，金融科技的升级以及新服务的拓展，是可以同步进行的。组织力是商业银行高效管理的决定性力量，商业银行只有在确保组织力（或者加强组织力）的情况下才能在转型过程中集中力量解决问题。

三、人才挑战

俗话说：“人才是第一竞争力！”每个企业组织都需要人才，建行需要，其他商业银行也需要。但是，商业银行（包括建行）拥有的专业类的人才比例到底高不高呢？某商业银行行长曾经表达了这样一个观点：“最优秀的金融类人才，可能不在银行。”通过这句话可以看出，我国的商业银行亟须专业人才，尤其是金融方面、科技方面的人才。央视财经频道刊发了一篇名为《国内银行业面临人才挑战》的文章，多个商业银行领导者针对人才挑战的问题发表了自己的看法。中国民生银行董事长经叔平认为：“竞争的关键当然是人，我们商业银行的人才本来就缺乏，我希望外资银行进来，它不可能都是外来的！它一定要用本地人！”农行行长尚福林说：“外资银行瞄准的国内人才不是柜台营业人员，更不是银行行长等，而是通晓国内金融政策和法律，具有客户资源的高级客户经理。它会从我们现有的中资机构里争夺一些人才，而这些人才往往都是高级管理人员，拥有丰富客户资源的员工、IT 技术人员等，这些人才都是他们争夺的重点。”未来人才的争夺，也是商业银行所面临的挑战之一。

四、数据挑战

当今世界已经是一个数据化的世界，一切市场资源都会以数据的形式出现。只有掌握大数据分析与处理能力，才能立足金融市场。在大数据处理方面，我国的商业银行与世界先进金融企业还存在一定的差距。

如果我国的商业银行（包括建行在内）能够在战略、组织、人才、数据四个方面布局，积极应对四大挑战，迎头赶上，缩小与世界先进金融企业的差距，就能实现转型。

大数据背景下建行客户管理策略

当下，几乎所有的商业银行都在布局大数据技术，利用大数据实现对市场信息的充分利用，并从信息数据中挖掘出有价值的东西。大数据处理都有哪些用途呢？其一，大数据并不是某个单一数据，而是一个数据包，里面包含着无数个数据。大数据处理，就是将数据包里面的数据信息进行梳理、分类、萃取，将有用的信息数据保留，将无用的信息数据抛弃。其二，大数据中包含了许多内在的规律，大数据的处理过程，就是内在规律的寻找与分析过程。对于商业银行而言，找到规律和逻辑，是做好管理的前提。其三，大数据处理给管理者的决策提供必要的依据，因为数据不会骗人，也不会说谎。其四，大数据的分析与整理，是组织进行质量管控的一个重要环节，可有效避免多种管理风险。其五，大数据处理是分析市场、寻找客户、深挖市场资源的一种方式，并且能够帮助商业银行制定符合时代气息的客户管理策略。

2012 年，建行在官网上刊发了一篇名为《建行谋在“大数据”》的文章，文章指出：随着储蓄红利逐渐消失，存贷利差缩小，小微企业的业务将被放在银行的重要位置。小微企业业务管理几乎是世界难题，信息不对称，管理不规范，要想一个一个搞清楚，肯定赔本，银行需要完善批量化、专业化审批。而对数据的挖掘、分析和运用，是实现上述手段的必要前提。正如 IT 专家网发布的《大数据如何改善大银行的业务》一文中所预测的那样：使用大数据技术把所需贷款提供给未能得到充分金融服务的人群。换言之，小微企业发展需要商业银行的参与，商业银行可通过大数据的分析与处理，为小微企业进行画像，给小微企业提供有价值的服务和帮助。时任建行电子银行总经理的徐捷曾说："现在的电商平台，每天有大量的交易发生，但这些交易的支付结算几乎被第三方支付机构垄断，银行处于支付链条的最末端……我们想从源头提供服务，即从客户信息源头抓住更为真实的客户交易数据。变被动为主动。除了进行买卖交易，企业或个人可能还会有贷款需求。贷款时，往往遇到难以提供诚信证明材料的问题。而未来善融商务平台上的每一笔交易，建行都有记录并且能鉴别真伪，可作为客户授信评级的重要依据。"由此可见，建行很早之前就在大数据分析方面下了功夫，很早就意识到了大数据分析与处理的价值和意义。进行大数据分析的目的，就是建设一个客户管理中心。

客户管理是商业银行的一个极其重要的板块。商业银行是金融服务企业，给客户提供金融服务，客户是商业银行的衣食父母，给客户提供安全、可靠、舒心的服务，是商业银行的宗旨。什么是客户管理呢？客户管理为何这么重要呢？举个简单的例子，海底捞是国内知名的餐饮企业，这家企业以"优质服务"著称。由于海底捞优质的服务，许多客户选择去那里消费。有时候，店里生意特别好，许多客户排队等候。此时，海底捞的工作人员会为客户提供休息座位、饮品和休闲零食，让客户在享用过程中等候。这个做法，不仅留住了客户的脚步，而且提升了海底捞的服务形象。与此同时，海底捞有一套“会员系统”，对会员进行精准管理，并且推送人性化的服务，如提供生日庆祝等。海底捞的这种做法，就属于客户管理。建行是如何利用大数据做客户管理的呢？

一、建行利用大数据将客户管理资源化

资源化是一种可持续、可循环的概念。一家银行只有把自己的客户变成可长期利用、开发的资源，才能长久地发展下去。大数据处理有许多功能，其中一个是对客户画像。自媒体公众号“大数据风控官”刊载了一篇名为《大数据能为银行做些什么?》的文章，指出对于个人客户在社交媒体上的行为数据（如光大银行建立了社交网络信息数据库），通过打通银行内部数据和外部社会化的数据可以获得更为完整的客户拼图，从而进行更为精准的营销和管理；对于企业客户的产业链上下游数据，如果银行掌握了企业所在的产业链上下游的数据，可以更好地掌握企业的外部环境发展情况，从而可以预测企业未来的状况。无论是对个人客户，还是对企业客户，建行都可以通过大数据技术进行准确画像，并且进行分类。这种从互联网获取资源的方式，打破了商业银行传统的模式。建行将客户资源化，源源不断地找到客户，精准营销客户，精准地向客户推送有价值的服务。

二、建行利用大数据将客户管理用户化

如何理解用户化呢？难道用户化另有深义吗？用户化是一种互联网思维。小米科技一直在讲用户化思维。2019 年，小米科技总裁

雷军进行了一次演讲，演讲中，他再次提到用户化思维，他说：“从2018年开始，每年小米整体硬件业务（包括智能手机、物联网以及生活消费产品）的综合净利率不会超过5%。如有超出的部分，小米都将回馈给用户。”换句话说，用户化就是让商业组织不断与客户进行沟通、交流，让客户参与产品的设计与研发，让客户感受到商业组织的用心。事实上，建行也是这样做的。建行利用大数据将具有不同兴趣、爱好的客户分类，然后邀请不同的客户参与不同的金融商业体验活动，让客户更主动地参与到建行的发展与品牌建设中。如今，建行拥有庞大的忠实粉丝，这些忠实粉丝也是建行的口碑宣传员。

三、建行利用大数据将客户管理平台化

如今，科技赋予了商业银行各种能力，商业银行应该借这股东风搭建管理平台，尤其是客户管理平台。早在2015年，建行就已经借助金融科技打造了“三大平台”，即善融商务、悦生活、惠生活。与此同时，建行与许多商业平台进行强强联合，构建符合时代潮流的新客户平台，为客户提供更好的平台服务。

如今，建行在大数据的帮助下，成功打造了数据化的客户管理平台，进一步提升了商业价值，这些举措值得广大商业银行学习。

建行客户关系管理

客户是商业银行的衣食父母，银行离不开客户。如今，几乎所有的商业银行都非常重视服务，服务的质量决定客户的忠诚度。在

这里，不得不提到客情关系。只有维护客户的利益，给客户提供优质的服务，帮助客户解决问题，让客户有良好的体验的商业银行才能长盛不衰。

有人问："为什么要想尽一切办法维护老客户，而不是去开发一个新客户呢?"有这样一笔经济账，维护一个老客户所需要的费用，仅仅是开发一个新客户所需要的费用的五分之一。换言之，如果商业银行能够维护好老客户，把老客户转化为长期、稳定的客户，同样是一笔财富。维护老客户相当于固本。当然，开发新客户与维护老客户之间并不矛盾。老客户要维护，新客户要开发，商业银行一旦形成一套完善的客户关系管理体系，就能守住根基。

一、常见的客户关系管理办法

常见的客户关系管理办法都有哪些呢?下面的这些办法，是企业组织普遍实施的，建行也在使用。这些经典的办法，在现行社会中仍旧实用。

管理大师理查德·科克在《80/20 法则》一书中指出：对大多数公司而言，80%的利润来自 20%的客户。在咨询业，这意味着两种客户源：大客户和长期客户。大客户有大订单，这就允许公司雇用更多低薪酬的年轻咨询师；而长期客户则能培养互相间的信任关系，且能提高客户转投其他公司的成本，更不必说长期客户相对而言已经不太计较业务价格的高低了。对于商业银行而言，大客户与长期客户就是需要重点服务的客户，也是需要维护和管理的对象。要想让大客户、新客户、老客户持续购买商业银行的产品，就需要做好以下几个方面的内容。

1. 管理客户档案

从传统的人工录入客户档案，到现在大数据直接形成的智能档案，客户档案如同医院的病人病例一样重要。几乎所有的商业银行都有客户档案，但是客户档案重点不在于建立，而在于管理。客户是一个变量，每时每刻都在变化，比如一名普通客户，有可能发展为VIP客户，这与客户的收入变化有关。商业银行管理者不仅要定期更新客户信息，而且要对客户进行分类归纳。商业银行不仅要定期维护客户，还要定期将客户的“维护信息”放进客户档案内。

2. 维护与客户情感

人是一种情感类动物，需要付出情感，也需要接纳情感。情感需求是一种高级需求，几乎人人都有情感需求，客户也不例外。对于商业银行而言，对客户进行情感维护的目的，绝不是营销，而是满足客户的情感需求。可能日常拜访，节假日、生日问候时，一句温馨的祝福语就可以改变商业银行与客户之间的关系，拉近商业银行与客户的距离，增加客户对商业银行的好感，客户就有可能购买商业银行的产品或者增值服务。

3. 保持沟通顺畅

沟通是一种服务，也是商业银行维护客情关系所必备的武器。几乎所有的商业银行都在沟通上做功课，由此可见，沟通是非常有用的。一方面，商业银行需要将产品、服务介绍给客户；另一方面，商业银行需要倾听客户的需求和建议。沟通还是消除隔阂的有效方式，只有消除客户的异议，才能给客户提供更好的服务。换位思考也是一种沟通策略，设身处地为客户着想，替客户说话，也是维护客情关系的重要方式。

4. 防止客户离开

商业银行的发展指望客户，客户就是商业银行的钱袋子。商业银行需要防止客户离开。一些商业银行服务不到位，例如，银行工作人员服务态度差，致使客户销户，选择其他商业银行。许多商业银行意识到这样的问题后，都在想尽办法拼服务，凭借良好的服务留住客户。客户得到了良好的服务和体验，就会继续购买商业银行的服务，商业银行就会从客户身上赚到钱。

以上四个方面的内容就是商业银行常见的客户关系管理办法。除此之外，建行的客户关系管理策略，也非常值得推广。

二、建行的客户关系管理策略

随着时代的发展，客户关系的管理与维护也有了变化，金融科技的发展，也给商业银行赋能，给服务赋能，甚至能够代替人力，解决一些之前难以解决的服务问题。建行借金融科技的东风，做出了一些积极尝试，并取得不错的效果。《人民日报海外版》刊发过一篇名为《让技术重塑银行客户体验》的文章，文章写道：“莱弗里斯（LEVERIS）是一家金融科技初创公司，也是一个数字银行平台，致力于通过现代技术简化银行业务。基于利用数字技术力量构建更好的银行体验这一目标，2014 年莱弗里斯公司应运而生。其平台除了包含运营端到端数字零售银行的全方位服务和贷款解决方案之外，还帮助银行整合第三方产品和服务，并集成新的技术创新。康纳

（莱弗里斯创始人）表示，大多数银行仍在传统环境中运营，在用户体验感上有不足。而莱弗里斯的成立旨在改变这一切，使这些银行摆脱束缚，‘我们希望能让银行变得敏捷，能够应对市场变化，并为它们提供良好的客户体验。这意味着要对银行采取以客户为中心的方法，而不是以产品为中心。’”其实，建行早在多年前，就已经布局金融科技，借助金融科技完善客户关系管理。如今，建行有许多网上客户，客户直接登录网上银行即可办理业务。在这样的情况下，传统的面对面的客户关系维护与管理的做法，已经过时，需要换一种管理策略。2020 年，建行在金融科技方面投入超过 200 亿元。澎湃网刊载的一篇名为《工行 vs 建行：从科技、渠道、业务对比金融科技进展》的文章介绍了建行的金融科技的应用情况：建行集中于对人工智能、大数据、区块链、物联网、5G 等的应用。人工智能科技支撑能力基本形成，实现客户服务、风险管理、集约化运营、智慧政务等多个领域的 424 个人工智能场景应用；大数据应用支撑能力在数字化经营中发挥作用；拓展区块链技术在跨境贸易、智慧政务、供应链等领域的应用创新；物联专网建设完成试点，物联平台接入物联终端超 20 万台，赋能智慧安防、“5G + 智能银行”、建行裕农通等 15 个物联应用，物联生态初具规模……换言之，金融科技帮助建行重塑了服务，提升了客户的科技体验感。除此之外，建行一直采用 CRM（客户关系管理）系统对客户关系进行管理和维护，也起到了非常好的效果。

总之，建行在客户关系的管理方面，既坚持和保留了传统有效的办法，又在金融科技方面加大投入，以科技提升管理能力，继而为客户提供更优质的服务。

建行个人客户管理策略

如果商业银行维护好客户关系，与客户建立起稳定的、可靠的关系，客户就会源源不断地为商业银行注入活力。建行是一家非常重视客户的银行，并且希望能够给自己的客户提供更好的服务。为了给客户提供更好的服务，建行曾经组织、举办各种各样的客户活动和爱心讲座。如建行曾举办关于女性情绪管理的课题讲座，建行工作人员邀请国家级的心理咨询师举办讲座，并且与参加活动的女性客户现场沟通，帮助女性客户解答各种心理方面的问题，鼓励女性客户善待自己的情绪，管理自己的情绪，保持良好的心态。这样的活动，深受女性客户的欢迎。事实上，许多商业银行都在尝试这方面的工作，给客户带来更多有价值的服务，甚至是公益服务。

建行的精细化管理还体现在建行的服务上。建行对待客户时，也采取了精细化管理模式。2021 年，新华网刊发了一篇名为《中国建设银行远程智能银行中心用精细管理保障优质客户服务》的文章，文章指出：中国建设银行远程智能银行中心作为向国内外客户提供不间断服务的一线窗口，在践行“人民至上、客户至上”的理念中，坚持规范服务，追求优质服务，以扎实的精细化管理履行服务社会为民纾困解忧的职责使命。中心推行“十精十强”深化业务和运营精细化管理，运用科技手段全面提升服务客户能力。2021 年的“3·15”恰逢抗击新冠肺炎疫情的特殊时期，中心通过智能备援应急响应，防护优先保障一线，持续优化居家客服功能，加强智能分流，深化机器人应用等多维举措，保障“3·15”期间 7×24 小时不间断的优质金融服务。制定《中国建设银行客户问题工单处理考核办法》，科学设置考核指标，推动全行各分支机构做好日常工单处理工作，以“点的问题”解决，带动“面的问题”消灭，持续提升客户问题处理水平和客户满意度。以人为本，保证服务温度。中心纪委积极协同促进各级党组织及领导干部工作责任有效落实，确保为客户提供“主动、亲和、规范、严谨、高效”的五星优质服务。保护消费者权益更要着力满足客户多样化、个性化金融服务需求，提升服务的品质和温度。建行远程智能银行中心是建行服务客户的一个窗口，也是客户管理的一个中心。当今时代是一个人们常常提到赋能的时代，如何给客户赋能，是商业银行面临的一个重要课题。建行是如何为客户赋能的呢？一方面，通过服务进行赋能；另一方面，通过产品进行赋能。

建行贵州分行与贵阳第六医院合作成立了一家智慧医院，智慧医院项目也是建行在金融科技服务客户方面做出的成功尝试。智慧医院项目是“互联网＋”项目，建行借助金融科技和云数据管理，搭建了一套“医院—银行”合作的综合金融服务平台，患者可以在建行提供的一体机上挂号、充值、缴费、查询等，这给患者和患者家属带来了极大方便。正如贵州第六医院院长所言：医院的人工挂号缴费窗口有限，每天就诊高峰期时，整个大厅人山人海，极易产生纠纷和矛盾。这个智慧医院自助系统很好地代替了人力，减少患者的排队时间，并为患者提供了多种支付方式，很大程度上缓解了医院人员分流及支付结算的压力。当然，金融科技的赋能是多种多样的，也是建行在积极挖掘和尝试的。除此之外，建行在个人客户管理方面还有哪些值得学习的地方呢？或者说，建行的个人客户管理策略的核心价值在哪里呢？

一、优化业务流程

业务是商业银行的根本，业务流程决定着业务的办理水平，也决定着客户是否对商业银行的业务感到满意。建行针对个人客户管理所做的第一件事就是优化业务流程，让建行的员工能够准确了解客户的信息和诉求，科学分析客户对商业银行的贡献值，并规避相关的风险。与此同时，优化业务流程的目的是给客户提供体验感更好的服务，并且优化建行各个部门之间的合作关系，让部门与部门之间的协作更加紧密、高效。

二、收集客户需求

在“客户为王”的时代里，几乎一切都是客户说了算。在这种情况下，建行主动出击，广泛收集个人客户的需求。客户的需求决定了购买决策，银行了解并掌握客户的需求，才能为客户量身打造新业务。首先，建行收集个人客户需求，形成数据，借助金融科技对数据进行分析，找到解决办法。其次，开发应用模块，在特定地点或者利用特定活动进行测试，进一步了解个人客户需求，并且邀请个人客户共同参与应用模块的开发。最后，完善系统，修补漏洞，并且在系统中添加个人客户感兴趣或者对个人客户有帮助的板块和平台。

三、处理内部关系

事实上，和谐的内部关系是个人客户管理的前提保障。打造和谐建行，实际上就是搭建了一套处理内部关系的方案。在管理方面，建行推行的是以人为本的人性化管理，员工得到充分尊重与关爱，有较强的企业归属感；在激励方面，建行的绩效激励一直走在时代的前端，建行员工有良好的工作能动性和服务意识，能够给客户提供温馨而舒适的服务。由此可见，建行和谐的氛围为个人客户管理提供了牢靠而稳定的基础。

四、加强相关培训

建行是一家非常重视内部培训的企业，管理者聘请专业团队，直接对接建行的管理层和执行层，提升管理者和执行人的综合职业素养，进一步优化个人客户管理及服务水平。

建行通过以上内容，基本建立并形成一套完整的个人客户管理体系。如今，建行的市场销售业绩在全国诸多商业银行中名列前茅，值得其他商业银行去学习借鉴。

第六章
建行资产负债管理

建行资产负债对策

资产负债业务，是商业银行的主营业务之一。什么是资产负债业务呢？商业银行的资产负债业务是商业银行通过对外负债方式筹措日常工作所需资金的活动，是商业银行资产业务和中间业务的基础。换言之，商业银行为了满足日常经营，需要从社会中筹集一部分资金，再去开展与之相关的经营活动。商业银行的资产负债业务主要有四大类，即自有资金、存款负债、借款负债、其他负债。

1. 自有资金

自有资金由三部分组成，即股本金、储备资金、未分红利润。股本金特指商业银行上市发行股票的股份资金；储备资金是商业银行经营的利润提成，专门用于“亡羊补牢”等用途的准备金；未分红利润是没有按照相关合同、制度等分配下去的利润。

2. 存款负债

存款负债是商业银行的负债主体，客户将款存进商业银行，就形成了存款负债金，商业银行可以利用这笔钱进行其他金融经营活动。但是，客户存款具有较大的不确定性，有些人喜欢存活期，随存随取。商业银行更喜欢长期存款的客户。一方面，存款负债稳定；另一方面，更加有利于开展其他业务。存款负债主要有三方面的业务，即活期存款、定期存款、储蓄存款。如今，商业银行的存款负债业务压力较大。由于客户群体的变化，来商业银行办理传统存储业务的人越来越少，选择商业银行其他业务的人越来越多。

3. 借款负债

顾名思义，借款负债就是商业银行通过票据再抵押等形式从人民银行借钱，或者从业务往来的同行业银行进行短期拆借。借款负债的目的就是度过“资金荒”。商业银行是重资产企业，一切服务都需要通过资金运转。因此，商业银行需要在某些特定时候进行借款，建行也不例外。借款负债业务是维持银行运转的基础业务，如同企业发展需要资金，企业需要借款，商业银行也是如此。

4. 其他负债

其他负债就是商业银行在存款负债和借款负债之外的其他负债形式，其他负债也是商业银行资金来源的重要补给，它包括金融债券负债、境外负债、占用客户资金、买卖有价证券等。

负债业务是商业银行获取资金的业务，也是商业银行处理客户关系的一项重要业务，体现了责任和义务的关系。因此，商业银行必须要做好资产负债管理工作。负债管理是西方国家银行的一种经营方式，以积极出售债务的方式，扩大资金来源，调整负债结构，增强资金实力。对于商业银行而言，能够做好资产负债管理工作，就能够从社会中获取资金，继而提升商业银行的硬实力，为商业银行开展经营工作奠定基础。建行是如何开展这项业务的呢？或者说，建行针对资产负债是如何调整对策的呢？

一、降低负债成本

负债成本居高不下是商业银行面临的重要问题。当今，资产负债业务越来越难做，仿佛商业银行只有降低负债成本这一条路可以走。2020 年，著名财经评论员杜坤维在《新浪财经》发表过一篇名为《银行如何降低负债成本》的文章，文章中写道：银行要通过降低利率让利，压低银行贷款降低净息差是一种方式，可是净息差压缩不是没有底线，如果是亏钱买卖，银行就会出现惜贷，就会出现融资难，因此关键在于降低银行负债端成本，目前全面降息央行是慎之又慎，主要是避免刺激房价泡沫和汇率不稳定。当然，不同的商业银行都有自己的做法，有的商业银行采取业务结构调整的方式降低负债成本。但是，更多的中小型商业银行通过高成本的结构性存款吸纳社会资金，用于运转商业银行的经营活动。换言之，降低负债成本与发展结构性存款似乎存在着一种不可调和的矛盾。建行是如何降低负债成本的呢？其具体举措如下。

1. 建立稳定的资金来源链条

资金是一种资源，建行的资产负债业务与其他商业银行区别不大。但是，建行选择了一条调整业务或者说适当增设其他业务的方式进一步获取资金，形成一条稳定的资金来源链条。具体有两种方式：一是通过财政刺激市场，吸纳存款；二是公开向社会发售建行股票以及建行控股旗下股票，发售银行股票是有效降低负债成本的方式之一。通过以上两种方式，建行能够建立稳定的资金来源链条。

2. 提升服务质量

整体来看，商业银行的存款利息一直在下降。正因如此，商业银行越来越难以拉到存款业务，更多客户将资金存放到其他金融机构，甚至用来购买其他互联网金融公司的理财产品。虽然如此，传统存款业务是商业银行绝不能抛弃的阵地。建行的做法就是，在商业银行存款利息整体下降的情况下，凭借优质的服务重新获得市场，让客户将钱存回建行营业网点。

3. 做大、做强企业业务

企业是商业银行的大客户，建行与企业客户，尤其是大型企业客户建立了战略关系，从其身上吸纳存款。大型企业客户，尤其是一些高净值企业客户仍旧是存款主力军。与此同时，建行向企业客户发售金融债券，从中获得长期、稳定的资金。

通过以上三种举措，建行获得了充足的资金，降低了负债成本。只有在此情况下，才能顺利进行相关业务和相关成本控制。

二、加强资产管理

过往几十年间，有的商业银行已经成长为巨无霸级的企业；有的商业银行却因管理不善，被迫改制或是被收编。一方面，这跟复杂多变的金融市场环境有关；另一方面，这是管理不到位所致。在资产负债这样的敏感业务上，只有加强资产管理，减少商业银行的资产流失，才能做好业务。建行在资产管理方面，主要做了以下三个工作：一是加强贷款工作方面的审核工作，降低坏账、烂账率；二是加强收贷工作力度，盘活资金链；三是扩大资产证券业务比例，调整产品和业务结构，降低部分高风险业务的风险。通过以上三个工作的开展，建行在资产负债业务板块，取得了不错成绩。

建行的这些应对策略，并非新颖，更多是在管理方面与结构资源调整方面做出的努力。换言之，传统的管理老办法依旧奏效，仍旧值得其他商业银行去实践。

建行资产负债管理实施

由于我国的商业银行起步较晚，在管理方面还存在一些问题。尤其是中小型商业银行，还处于摸索阶段。资产负债业务是一项传统银行业务，也是商业银行业务核心之一，是商业银行吸纳资金的主要方式，无论是存款业务、借款业务，还是债券业务，都将影响商业银行的运作与发展。与我国中小商业银行相比，西方发达国家的商业银行已经走过了几百年的发展历程，各种管理机制、风控机制都已相当成熟。腾讯企业号“交易圈”刊发了一篇名为《当前我国中小银行资产负债管理的问题与挑战》的文章，文章写道：“西方商业银行资产负债管理经历了几百年的发展历程，积累了丰富的经验教训，形成了较为成熟的理论，已经从单纯的资产管理和负债管理，上升到综合化程度更高的资产负债管理。依托 EVA（经济增加值）、RAROC（风险资本回报率）等多种管理工具的广泛应用，国外领先商业银行已经形成了比较完善的资产负债管理体系。相比较而言，我国商业银行资产负债管理虽然起步较晚，但发展较快。改革开放四十多年来，国有大型商业银行、全国股份制银行在资产负债管理理念、方法、工具等方面不断探索与尝试，取得了长足进步，已经与国际领先银行不相上下。然而，与国内外领先商业银行相比，广大中小银行显然不具备精细化的资产负债管理能力，低水平、无效率，甚至无管理的情况仍客观存在。”

上述文字描述了中国部分商业银行在资产负债业务方面存在的问题，即管理粗放、管理水平低下、管理效率低，甚至是无管理。这些问题和漏洞，将会给商业银行带来极大的风险。要想解决资产负债管理的问题，就要找到商业银行（包括建行）在资产负债管理方面存在的问题，再逐一找出解决问题的方案并实施。

一、商业银行资产负债管理的现存问题

2015 年，腾讯 · 大渝网有一篇名为《建行等大型银行向“大资产负债管理模式”转型》的报道，文章指出：在利率市场化、金融脱媒以及同业竞争不断加强的情况下，我国银行业面临的一大挑战就是如何加强资产负债管理，借此控制风险，实现价值最大化，并提高自身综合竞争力。也有专家认为，面对银行净息差不断收窄的局面，银行亟须通过资产负债管理稳定收益，实现可持续发展。根据建行的工作部署，该行探索了编制集团大资产大负债经营计划。相关业内人士分析认为，相较于过去依靠做大存贷款业务规模获得盈利的传统经营模式，资产负债管理模式更为复杂。在复杂的局面之下，商业银行在资产负债管理方面还存在以下问题。

1. 资产负债管理理念落后

一些中小商业银行为了吸纳社会资金，不惜承诺“高回报率”。但是，在商业银行整体利率下滑的情况下，或者说在商业银行遭遇市场难题的情况下，这样高成本的做法只能在短时间内起到提升的

效果，却给银行经营带来巨大的压力。这样的做法，是一种目光短浅的行为，或者说是落后的资产负债管理理念导致的。落后的资产负债管理理念，在金融脱媒、互联网金融高速发展的今天，已经没有用武之处。商业银行只有紧跟时代步伐，更新管理理念，才能突出重围，缓解资产负债管理的压力。

2. 执行力弱

执行力弱，管理就会不到位。在我国，许多中小型商业银行一直存在这样的问题，银行内部虽然经常进行执行力课题的培训工作，但是效果并不理想。如果商业银行的管理、运作机制存在问题，必然出现执行不力的情况。与此同时，商业银行没有完善的资产负债管理体系，也会引起诸多方面的问题。执行力弱，等同于一个人的血液循环不通畅，这是一个系统性的疾病。商业银行想要解决这个问题，并不是一件很容易的事情。

3. 资产负债业务单一

腾讯“交易圈”刊发的名为《当前我国中小银行资产负债管理的问题与挑战》的文章，提供了一组数据：一直以来，我国中小银行的资产负债结构较为单一。从资产端看，以贷款为主，贷款比重仍占到50%以上，个别中小银行仍保持80%权重，其他类金融资产所占比例仍不高。从负债端看，以存款为主，存款比重仍高达75%以上，个别中小银行达到90%权重，同业存单、大额存单、非银行业金融机构存款等主动负债比重不大。资产负债业务单一、可选余地小、调控难度大、管理经营风险大，这些问题都将影响商业银行资产负债业务的长期开展。

二、建行资产负债管理的具体实施

上述三大问题，在建行也曾经出现过。但是，建行在资产负债管理方面，做出了许多积极尝试，并取得良好的效果，具体情况如下。

1. 加强风险控制

风险控制是银行永远绕不开的话题。互联网时代，商业银行的管理面临更多的挑战。建行采取了一种防微杜渐式的管理，尤其在风险控制方面，做到了四件事：一是加强贷款风险的检测，消除贷款风险；二是改变传统的贷款方式，适度提高贷款门槛，降低风险；三是加强监督力、监察力，降低道德风险的发生概率；四是建立“三查”机制。建行官网上一篇名为《建行加大政策指导和“三查”力度》的文章写道：严格执行贷前调查、客户评价或项目评估以及授信申报的合规性操作，一律不得降低门槛、放宽标准，不得减程序、逆程序操作。严格按审批方案落实贷前条件和放款条件。密切监控贷款资金使用，加强贷后管理，对于项目贷款，必须严格按项目进度发放和监控使用贷款，对于出现风险预警信号的贷款客户，及时召开跟踪例会，确定具体应对措施，属于重大风险事项的应及时上报。只有加强风险控制，才能提升管理力度。

2. 建立备用金制度

建行是一家运筹帷幄的商业银行，建立备用金制度，也是为了预防负债资产管理的复杂局面。建行搭建备用金制度，留存了一笔数量可观的备用金，以备不时之需。这样的做法，非常值得其他商业银行效仿。

3. **提升精细化管理水平**

中国中小型商业银行存在粗放式管理的局面，这会给商业银行的管理带来诸多问题。建行早在约十年之前，就开始推行精细化管理的策略，尤其针对资产负债业务，打造了一系列与之相关的风险识别、风险评估、风险敞口调节、策略选择、资本配置、绩效考核等管理流程，提升了管理水平。

总之，建行在资产负债业务方面取得了不错的管理成果，并且不断优化管理方案。具体方案我们将在下面章节详细阐述。

优化建行资产负债管理的对策

2021 年，和讯网刊发了一篇名为《腻害了！去年普惠贷款新增 4892 亿元，建行董事长田国立领衔：大象也能起舞，总资产增长 10.60%！》的文章，文章中有一组关于建行资产负债管理的数据，这组数据反映了建行在资产负债管理方面做出的努力尝试。文章指出：面对疫情压力，建行资产负债结构仍呈持续优化态势。2020 年年末，建行资产总额 28.13 万亿元，较上年增长 10.60%；发放贷款和垫款在资产总额中占比 57.70%，上升 0.53 个百分点。2020 年负债总额 25.74 万亿元，增幅 10.96%；其中吸收存款 20.61 万亿元，增幅 12.24%；境内个人存款 10.18 万亿元，较 2019 年增加 1.48 万亿元。资产质量方面，建行依旧稳中向好。建行深知，决定金融能走多远的永远是风险管理这条生命线，对内，提前预判、精准应对疫情冲击带来的风险挑战，积极推进全面主动智能风险管理体系建设。对外，圆满完成包商银行风险处置，形成了问题银行托管的建行方案。

资产负债管理是商业银行管理的重要环节，只有管好了资金，商业银行才能健康发展。前文提到，建行在成本管理中做出了积极尝试，通过优化管理方案，夯实管理细节，控制成本，降低管理风险，提升银行员工的职业素养，合规、合法开展业务。

有人问："商业银行不断调低存款利息，在诸多商业银行储蓄业务大幅度下滑的情况下，建行是如何确保资产负债业务不受影响的?"众所周知，资产负债业务的主要来源是客户存款。客户将钱存进银行，银行在承诺客户本金安全和利息回报的同时，会使用客户的存款，将资金运用到其他增值项目上，如信贷、投行等业务。这些增值业务，一方面回馈客户，为商业银行承担增收责任；另一方面可以帮助商业银行后续持续发展。商业银行管理是一套系统的工作，绝不可分割开来。许多中小商业银行采用一种分而治之的模式，即成本管理是成本管理，资产负债管理是负债管理，信贷业务管理归信贷部门，不同部门之间，缺乏有效的合作和互动。这些中小商业银行没有建立起系统的管理模式，分而治之的管理模式不仅造成了成本浪费，还无法发挥作用。资产负债管理，依赖于其他部门、其他管理者，需要整个银行资源的调动和部门的配合。就像医生为病人治病，可能需要多个科室共同参与，才能给出有针对性的治疗方案。《银行家》杂志上有一篇名为《建设银行高管详解建行"三大战略"与业绩亮点》的文章，提到了建行通过系统化管理优化资产负债管理方案的做法：息差管理是商业银行资产负债管理备受关注的话题。年报显示，2020 年建行积极支持疫情防控和企业复工复产，持续优化资产负债结构。受贷款市场报价利率（LPR）下行以及加大向实体经济让利力度等因素影响，贷款收益率下降；债券及存拆放收益率因市场利率下行低于2019年，存款竞争激烈导致存款成本略有上升。净利差为2.04%，同比下降12个基点；净利息收益率为2.19%，同比下降13个基点。建行在优化资产负债管理方面有许多办法和举措，具体如下。

一、优化业务结构

随着时代发展，人们的消费习惯发生了变化。商业银行必须主动求变才能适应时代发展。一方面，商业银行需要紧跟科技发展，在金融科技方面取得创新，给客户带来更好的体验。另一方面，商业银行要深度挖掘客户的需求，从客户需求出发，优化业务（产品）结构。针对资产负债管理，建行的第一项管理优化内容，就是优化了业务结构，拓展了新业务，适当保留了传统业务比例。新的增值业务越来越多，传统的、高风险的业务不断减少，建行通过这样的方式进行创新，转变思路，缓解了资产负债业务的管理和运营压力。可能有人问："难道建行正在压缩传统的、基础性的存款、储蓄业务吗?"实际上，建行在提升服务质量的同时，并没有减少原有的业务，而是在其他负债业务上加大投入，如发售银行债券等产品，用增发理财产品，或者提供优质而专业的财产配置服务吸引广大客户，以此实现优化业务结构的目的。

二、控制负债成本

资产负债业务是一项大业务，也是商业银行重要的开支项。对于商业银行而言，成本控制是挖潜增效的主要方式之一。在这样一个微利时代，可以说，只有控制负债成本，才能解决永恒的管理难题。建行的第二项管理优化内容，就是针对负债成本设计的。负债成本是银行成本的主要部分，是商业银行在组织资金来源过程中的开支。负债成本包括利息成本和非利息成本两大部分，其中非利息成本又包括劳务费、印刷费、广告费、差旅费、设备费和房屋租赁费等。负债成本是一个综合的概念，具有复合特点。在银行界，有这样一句话："从负债成本看银行。"负债成本低，意味着银行的管理质量优秀。在控制负债成本方面，建行做了这样几件事。

一是控制存款成本，合理优化低息、中息、高息等储蓄产品的比例，通过调整产品比例降低利息成本。二是合理优化储蓄产品与信贷产品之间的关系和业务比例，尤其是优化活期存款与普惠金融业务之间的关系，让银行业务更加平衡。三是合理优化储蓄业务与信用创造之间的关系，在适当提高定期存款业务比例的同时，让银行的相关业务与银行的派生能力达成一致。

三、降低手续费用

对于投资者而言，手续费是一个门槛。许多投资者认为，银行的投资类产品手续费较高，收益却不高。这一道无形的门槛，使不少有投资银行产品想法的投资者最终放弃了投资。这几年，建行一直调整各项业务的手续费，降低业务办理门槛，其目的是抢占市场，让更多投资者选择建行。

除了上述三个方面外，建行还有许多资产负债管理方面的优化办法和举措。个别细节，将会在后面章节中体现。总之，商业银行需要控制并优化负债成本，降低负债率，优化产品和服务结构，加强考核和管理质量，提升服务能力，只有这样，才能优化资产负债管理，打造优质银行。

建行资产负债比例管理

2018 年，《金融时报》刊登了一篇名为《建行债转股落地千亿元债转股子公司推动降杠杆成效初显》的文章，文章指出：市场化债转股不仅降低了企业杠杆率、改善企业财务状况，而且推动实体经济去产能，促进企业转型升级，并对推动国企混改、完善现代企业制度也发挥了积极作用。从 2017 年年报来看，16 家被投企业中，14 家企业资产负债率比上年同期下降，下降幅度在 3% 以内的有 5 家，在 3% 至 5% 以内的有 3 家，超过 5% 的有 6 家；11 家被投企业净利润有较大幅度增长，5 家企业扭亏为盈；13 家被投企业的营业收入比上年同期大幅度提升。“债转股”这个特有名词近些年频频在新闻媒体报道中出现，债转股似乎是商业银行转变经营思路的一颗信号弹。早在许多年前，建行就已经与许多大企业客户展开合作，开展债转股项目，建行的这个项目不仅改善了传统的业务结构，而且对客户有帮助作用。通过这个项目，企业被银行盘活了资金链，企业赚到了钱，银行也就赚到了钱。银行有了钱，就会有更多的自有资金，而自有资金是银行资产负债。另外，一旦企业资金链被银行盘活，企业就很可能会在银行开设储蓄户头，往银行存款，或者购买银行债券、股票等。由此看来，科学发展债转股业务有利于银行和企业的共同发展。

有人问：“债转股不也是一种银行投资行为吗？银行的投资款项来自哪儿？”一方面，建行科学开展债转股业务的底线是，绝不触碰“僵尸企业”。另一方面，建行的债转股业务的资金源于社会，建行充当金融服务的提供商，将社会募集资金以股权形式置换企业客户的债务。建行的股转债业务，将股和债进行了严格而科学区分，从股中获益，并用股的形式解决企业客户债的问题，帮助企业客户摆脱困难。需要说明的是，建行提供债转股业务的企业，通常是地方龙头企业，并且是短时间内深受高负债影响的企业。

债转股与资产负债存在怎样的关系呢？债转股的目的是让大企业客户降低负债率，帮助大企业客户盘活资金，优化产业结构，让大企业客户摆脱短暂的困境，扭亏为盈，然后给商业银行输血。这是一种双赢的模式，并且可以助力商业银行优化资产负债比例管理，让银行资产负债比例达到一个科学、合理的数值。银行资产负债比例有标准吗？商业银行需要拥有一定的负债率。也就是说，对于商业银行而言，盲目降低负债率并不是一个可行的办法。《巴塞尔协议》规定，商业银行风险资本核心充足率为 8%，即资产负债率为 92%。商业银行的资产负债率低于 92% 就是安全的、可行的。在我国，商业银行的资产负债率为 96%，虽然略高于 92%，但仍旧在科学、合理范畴之内。因为中国的市场环境和商业银行的功能有别于西方商业银行，西方商业银行追求极致的经济利益，而中国的商业银行肩负着社会使命。建行也是一家具有财政、银行双重功能的综合银行，自 1985 年开始，便将“上存下支”和“分级调拨、统筹运用、保证供应”传统模式转变为“实贷实存”的管理模式。从中不难看出建行在管理运营方面，具有改革和创新的决心。针对资产负债比例管理，建行都有哪些举措呢？

一、打造监督考核机制

建行打造监督考核机制的目的在于打造一个正常运作、高效高能的管理体系，或者一项综合系统工程。一个强有力的监督考核机制必须由专人负责，并且对资产负债比例管理的总体规划、设计、决策、命令以及任务安排负起全责，对具体的科学操作给予指导，对各个阶段的整体运营状况给出公平、公正、严谨、科学的评价，并建立问题解决方案，设计奖罚机制，以绩效去奖罚。除此之外，建行制定的监督考核机制是清晰的、逻辑严谨的、规范的，这源于建行在机制制定上的反复求证与实践，树立了监督考核机制的权威地位，继而为资产负债比例管理质量提供了管理保障。

二、打造利益分配机制

利益分配是商业银行运营与管理的永恒主题，赚了钱，利益该如何分配？只有科学合理分配利益，才不会出现管理问题。建行打造的利益分配机制是建立在行长与员工利益关系、银行与客户利益关系基础之上的，这种利益分配机制还建立在基数合理、科学定额指标、奖惩措施分明等基础之上。这让建行的管理者和基层员工真正把银行工作当作自己的事业来经营，这样一来他们必然会主动、自觉、严格按照资产负债比例相关标准开展日常工作。资产负债比例管理业务要求建行管理者在资产负债比例管理方面，将考核结果与建行的利益分配挂钩。资产负债比例管理的核心指标和综合管理指标一旦与具体的岗位、科室及其相关的责任目标和个人收益挂钩，就能将管理落到实处了。建行以实际行动证明了这一举措的有效性，值得其他商业银行借鉴。

三、打造资产负债比例管理体系

建行打造的上述两个机制，是保护机制，也是激励机制，是执行机制，也是监督和分配机制，对建行的资产负债比例管理起到了保驾护航的作用。另外，建行打造了三大体系，健全并完善资产负债比例管理，这三大体系具体如下。

1. 自控体系

以内部监控和考核为核心，增删和调整相关的比例指标，形成适合建行特点的自控体系。

2. 风控体系

以信贷资产质量为核心，以资产负债比例管理为最终目标，不断提高资产质量，有效防范管理风险，确保资产安全，加强对信用贷款发放对象的严格评定和对其信用等级的审定，结合当下实际状况，核定信贷额度，超过核定额度的贷款必须以担保抵押贷款的方式进行发放。

3. 数据体系

以金融软件开发为基础，以大数据处理技术为核心，加快建行的电子化、网络化、科技化管理进程，围绕着资产负债比例管理，为决策者提供帮助，并建立相关数据体系。

通过以上内容，建行基本建立并完善了资产负债比例管理体系，提升了资产负债比例管理的质量，为长久发展奠定了坚实基础。

建行资产负债比例管理改革

新常态下，商业银行面临着改革转型的压力。随着时代的发展，人们的生活习惯发生了变化，更多银行客户有着更为个性化的需求。对于商业银行而言，只有抓住时代的“变”的规律和精髓，才能实现管理与经营的改变。过去人们常说的“以不变应万变”的思维，似乎已经不适用于当今时代。面对多变的金融市场，资产负债比例管理是当下商业银行的重要管理课题。1998 年 1 月 1 日，全国各大商业银行就已经全面实现资产负债比例管理。商业银行实施资产负债比例管理既要变，也要不变。所谓变，就是顺应时代之变进行改革，以适应时代的发展和商业银行的自身需求；所谓不变，就是确保一些指标不变。与资产负债比例管理相关的指标都有哪些呢？中央银行规定：资本充足率不得低于 8%，贷款余额与存款余额的比例不得超过 75%，流动性资产余额与流动性债务余额的比例不得低于 25%，对同一借款人的贷款余额与商业银行资本余额的比例不得超过 10%，向股东提供贷款余额不得超过股东已缴股金的 100%。

商业银行只要严格按照市场规律，采取积极的应对措施，就能实现良好的管理。我国商业银行全面进行资产负债比例管理的目的如下。

第一，防止商业银行的“无限扩张”。过去许多年，商业银行为了取得市场地位，采取了一种野蛮生长的方式。但是，这种野蛮生长的方式，也会带来致命的后果。负债率太高，资金链断裂，商业银行也会面临倒闭关门的风险。因此，商业银行需要全面推进资产负债比例管理，科学、合理放慢扩张脚步。

第二，减少商业银行从中央银行借钱的数量，倒逼商业银行提升市场竞争力，从社会吸纳存款，向社会发售股票、基金等，减少商业银行对中央银行的依赖性，即“断奶”。

第三，减少商业银行短借长用的风险。商业银行进行资产负债比例管理，从一定程度上可以提升产品运营的合理性和科学性。短借长用的做法，只能在特殊时期运用，不适用长期经营。

第四，让商业银行的资金流动始终处于合理的状态，既能预防商业银行因超额支出而产生的危机，又能确保商业银行在资产负债业务方面的份额。科学合理的资产负债比例，有利于商业银行长期稳定发展。

第五，将商业银行盲目追求资产规模的发展路径，变为追求最佳利润的发展路径。商业银行的规模越大，并不意味着其利润水平越高。资产负债比例管理是商业银行集约式管理方法，能有效约束商业银行的粗放式管理行为，从根本上杜绝规模盲目扩大所带来的管理风险和管理难题。

第六，提升商业银行资本金意识。过去，商业银行主要通过高息拉存款、同业拆借以及向中央银行借款等方式，做大、做强资产负债业务。这种经营理念早已经落伍。如今，商业银行应该提升资本金意识，或者说，应该打造属于自己的“小金库”。“小金库”里面的资本金越多，商业银行开展业务活动也就越得心应手。

商业银行开展资产负债比例管理是有百利而无一害的。时间证明，许多商业银行吃了资产负债比例管理的红利，从中受益。建行开展资产负债比例管理活动多年，有丰富的管理经验，并且紧跟时代步伐，不断优化方案，不断对其进行改革，发挥自身优势，向广大客户展示了品牌价值。建行在资产负债比例管理方面的改革如下。

一、宏观问题解决上的改革

宏观问题是构建问题，或者建设问题。任何一家银行，想要谋求发展，首先要解决宏观问题。建行在这方面是怎样做的呢?

1. 解决重点资金的问题

解决重点资金的问题是解决宏观问题的重要方法。一方面，建行在项目筹建方面，一直奉行科学的评估策略，明确什么项目需要投，什么项目不需要投。另一方面，建行加大重点资金的吸纳工作，开辟了多条路径，如对外发行中长期银行债券等。通过上述两个方法，建行解决了重点资金的问题。

2. 协调政策性业务与经营性业务的关系

建行政策性业务是为宏观经济服务的，但是它造成建行资产负债失衡的矛盾，在金融竞争中一些负债资金短期化，资金成本加大。建行意识到了这一问题，因此做了两项工作：一是将政策性业务与经营性业务进行分别核算，确定各自资金来项，采取不同管理方式；二是对政策性资产业务实施集中管理，贯彻以资产制约负债的原则，建立稳定的政策性资金来源，如建行发行国家重点建设债券、房地产债券，代理企业发行各种融资债券和股票等。

3. 协调贷款限额管理与资金比例管理的关系

贷款限额管理对保障宏观调控有很好作用，但不能合理、及时有效配置信贷资金。实行规模与资金双线管理，造成存与贷脱节的问题。多存不能多贷，这就制约了建行推行资产负债比例管理。因此，建行实行贷款限额管理和资产负债比例管理相结合的管理，在贷款规模总盈控制下实行资产负债总体平衡管理。

二、局部问题解决上的改革

局部问题是宏观问题的细节问题和具体问题，商业银行管理者应做到具体问题具体解决。对于资产负债比例管理的问题，商业银行要做到“顺利推动、严格执行、落实目标”。在局部问题解决方面，建行是这样做的。

1. 保障管理正常运营

资产负债管理的基础工作，就是确保运营正常。这个看似不是问题的问题，却常常给商业银行带来麻烦。建行要求各个分支银行建立资产负债比例管理领导小组，由行长挂帅，并联合计划、信贷、储蓄、财会、办公室、审计等有关部门。另外，行长需要负责测算与编制本行资产负债比例管理最佳方案，确定资产负债总量、结构及对应比例，定期进行资金运营情况的考核、分析和预测。银行在加大考核的同时，完善各项制度，继而保障资产负债管理的正常运营。

2. 落实管理工作重点

建行积极参与长期资金市场，代理发行债券和股票，开办有价证券的流通、转让和抵押业务。建行根据安全性、流动性和效益性并重的原则，抓好资产质量。此外，建行坚持优化增量与调整存量相结合的原则，进一步强化信贷决策机制，做好调查评估工作，坚持审贷分离，按照产业政策和信贷政策向优质企业客户发放贷款，及时排除资产负债风险。建行加强了资产负债风险管理，快速预测可能出现的风险，提前做好控制、转化和处理工作，提前杜绝、规避风险。

建行通过上述工作，解决了资产负债比例管理的难题，进行了资产负债比例管理改革，提升了综合管理质量，为未来的发展打下了坚实基础。

第七章

建行绩效管理

建行转型背景下的绩效管理优化工作

如今，许多企业组织都在推行绩效管理，绩效管理是一个卓然有效的管理方式，其在提升管理效率的同时，改变落后的管理局面，激发员工的积极性，强化员工的组织纪律。绩效管理的方法有很多，如KPI（绩效考核）管理、“360 绩效管理”等。商业银行也是企业，采取绩效管理是非常常见的，不同的部门，可以采取不同的考核办法。

2017 年，《中国银行业杂志》刊发了一篇名为《绩效考核：衡量商业银行管理与发展的指挥棒》的文章，文章指出：商业银行中的绩效一般分为机构绩效和人员绩效两类。这两类绩效所包含的内容及其评价、管理方法都有所不同。机构绩效是总行对分支机构的集体性绩效进行考核的内容，商业银行的机构绩效既可以通过成本收入比、权益、净利润、资产收益率（ROA）、资本收益率（ROE）等财务性指标来反映，又可以通过客户满意度、员工满意度、员工成长与发展等非财务性指标来反映。人员绩效一般侧重考核员工个体的工作业绩和行为表现等方面的情况，如完成的目标任务的数量、质量、效果，员工技能、素质等。尽管机构绩效与人员绩效之间存在一定的差异，但二者密切相关。商业银行一般会采取目标管理、平衡计分卡等方式将机构绩效层层分解到部门和个人，机构绩效的完成情况与人员绩效管理密切相关。在操作上，机构绩效考核时一般由财会部门根据国家有关规定和董事会战略制定各项具体考核指标。人力资源部门会同财会部门制定员工考核办法。

上述内容较为全面地描述了商业银行开展绩效管理工作的概要，几乎所有的商业银行都在开展机构绩效管理与人员绩效管理工作。商业银行为什么要推行绩效管理工作呢?

做绩效管理的前提条件是，给商业银行设定目标、战略、计划，并且需要将目标进行层层分解，落实到分支银行、部门和人。计划目标的分解过程，本身就有重要意义。另外，绩效管理与人力资源管理是息息相关的，推行绩效管理的目的是提升管理效力和执行效力，提升员工的工作积极性，在深入挖掘商业银行人力资源的前提下，改善人力资源管理局面。绩效管理需要商业银行管理者和员工共同参与，也是打造商业银行“管理—执行”团队的前提。

绩效管理具有一种尺度，可以测出商业银行的管理数据，将商业银行的一切管理进行量化。有了具体的量化数据，商业银行的管理者可以调整、优化管理方案，并且可以对之前的考核过程进行复盘，针对问题找到更好的解决方案。

公平的绩效管理可以对员工的工作进行全面、客观评价，商业银行的管理者可以掌握每一名员工的工作状态，了解其工作中存在的问题。与此同时，商业银行借助绩效管理可以激发员工的工作潜能，减少管理对员工的影响。如今，许多商业银行根据绩效管理为员工画出肖像，并且科学制订培训计划，有针对性地培养员工，这也是商业银行打造智库的主要做法。绩效管理是打造银行文化和品牌文化的工具，以绩效为目标引导员工，可让员工拥有银行价值观。

建行是一家肩负历史责任和国家使命的综合银行。建行坚持绩效管理。早在约十年前，建行就在绩效管理方面进行了深入研究，并对绩效管理进行优化和改革，以适应企业发展和社会需求。

朱蕾在金融界网发表了一篇名为《建行浙江嘉兴分行绩效管理变迁记》的文章，文章指出：绩效考核是绩效管理的重要环节之一，建行一直在探索行之有效的绩效考核办法，如对领导班子和领导人员从经营业绩与管理业绩两个维度进行定量与定性考核；对客户经理、柜员等营销服务人员引入业务量计价、买单制等方式完善考核机制。建行在原有绩效考核基础上，从战略的高度和科学管理的角度重新审视，将绩效考核扩展为管理者与员工在目标制订与实现路径上达成共识，并共同实现目标的管理过程。用“一张表格”“两个目标”“三次谈话”“四个环节”“五个角色”归纳绩效管理整个流程。“一张表格”是绩效与发展目标书；“两个目标”是业绩目标和品能目标；“三次谈话”是期初、期中和期末谈话；“四个环节”是绩效计划、绩效辅导、绩效考核与反馈、结果应用；“五个角色”是绩效管理领导小组、领导小组办公室、部门、直接上级和员工。建行把绩效管理作为提高各级管理者管理水平的重要手段。在绩效管理过程中，管理者必须学会与员工建立起正式的沟通机制和责任共担机制，就员工的工作内容、工作要求和衡量标准达成一致，把管理者的压力和动力及时分解传递下去，与员工形成良性的合作伙伴关系和契约关系，实现从裁判到教练的角色转化。建行落实目标分解，建立科学的绩效文化。按照目标管理的方法，将全行的战略目标和经营任务逐层分解，根据不同的工作职责设置不同的考核指标，做到“人人肩上有担子，个个身上有责任”。这阐述了建行分支银行在具体工作方面做出的转变和优化。如果总结一下，建行在绩效管理方面的优化体现在以下几点。

1. 取消“重结果、轻过程”的 KPI 考核

KPI 考核争议非常多，虽然世界各国的许多企业都在进行 KPI

考核，但有人认为，这种考核方法给企业的综合管理带来了许多麻烦。建行的绩效管理是结果和过程兼具的考核，是人性化的考核，是辅导与评价兼备的考核。建行的这种全面绩效考核，比 KPI 考核更有效，更能激发全体员工的工作积极性。

2. 绩效管理变被动为主动

传统的绩效管理是由上级设定考核内容和考核目标，然后将目标指标分配下去，按照绩效管理的种种办法考核员工，员工被迫接受考核管理，强迫自己做事。而建行的绩效管理则完全不同，它调动了员工的积极性，员工主动接受挑战，自觉做事。这种变被动为主动的绩效管理，更加醒目地体现员工的价值。

3. 改变了绩效管理体系内的各个角色

在建行这样的新体系下，管理者不仅是管理者，还是教练、保姆、陪练；员工不仅是员工，还是团队的参与者和某个项目的负责人。新型的绩效管理改变了传统的岗位角色，也改变了传统的岗位与岗位之间的关系，让“管理—执行”更加顺畅。

如今，建行已经拥有了一套极具特色的绩效管理体系，这套体系可以帮助建行茁壮成长。

关于建行绩效管理机制的思考

中华人民共和国财政部于 2010 年发布了《金融企业绩效评价办法》，对四个方面做出了规定。

第一，盈利能力指标：其中包括资本利润率、资产利润率、成本收入比、收入利润率、支出利润率、加权平均净资产收益率等具体指标。

第二，经营增长指标：其中包括国有资本保值增值率、利润增长率、经济利润率等具体指标。

第三，资产质量指标：其中包括不良贷款率、拨备覆盖率、杠杆率、认可资产率、应收账款比率、净资本与风险准备比率、净资本与净资产比率等具体指标。

第四，偿付能力指标：其中包括资本充足率、核心资本充足率、偿付能力充足率、净资本负债率、资产负债率等具体指标。

除此之外，中国银行保险监督管理委员会对绩效管理给出了相应的指导意见和引导方案，印发《银行业金融机构绩效考评监管指引》，其第二章的第六到第十条提道："第六条，合规经营类指标用于评价银行业金融机构遵守相关法律法规和规章制度、内部控制建设及执行的情况，包括合规执行、内控评价、违规处罚等方面。第七条，风险管理类指标用于评价银行业金融机构风险状况及变动趋势，包括信用风险指标、操作风险指标、流动性风险指标、市场风险指标、声誉风险指标等。在计算风险管理类指标时，银行业金融机构应当充分考虑考评对象风险分类、识别和计量的准确性。第八条，经营效益类指标用于评价银行业金融机构经营成果、经营效率和价值创造能力，包括利润指标、成本控制指标、风险调整后收益指标等。银行业金融机构应当充分考虑资产期限及风险延期暴露等因素，降低中长期资产收益对经营效益类指标的贡献。第九条，发展转型类指标用于评价银行业金融机构根据宏观经济政策、结构调整及自身需要，推动业务发展和战略转型的情况，包括业务及客户发展指标、资产负债结构调整指标、收入结构调整指标等。对于以贷转存、以贷收费和转嫁成本等不规范经营的考评对象，应调低发展转型类指标的考评得分。第十条，社会责任类指标用于评价银行业金融机构提供金融服务、支持节能减排和环境保护、提高社会公众金融意识的情况，包括服务质量和公平对待消费者、绿色信贷、公众金融教育等。”

与西方商业银行不同，我国的商业银行需要肩负起更多的社会责任，承担国家和社会所赋予的职能。因此，我国的商业银行应该深入研读国家相关金融职能部门下发的文件，并进行思考。

过去这些年，建行始终处于高速发展状态，考虑到规模、资产，在世界级别的银行里，建行也是佼佼者。建行的发展离不开有效的管理，离不开企业内部的组织考核和绩效管理。建行依靠先进的绩效考核机制进行企业管理，有不少值得其他商业银行关注和学习的地方，具体包括以下几个方面。

一、尊重绩效管理理念

如今，许多商业银行重视绩效管理，也能在整体管理工作中添加与之相关的理念。这个做法是对的。对于一个企业而言，想要开展绩效管理，就要推广绩效管理理念，形成一种绩效管理的文化和环境氛围。什么是绩效管理理念呢？绩效管理理念体现在以下五点。

第一，绩效管理是人力资源管理的核心部分。

第二，绩效管理的核心思维是永无止境的创新和改革。

第三，绩效管理的前提条件是有效沟通。

第四，绩效管理重视结果，也重视过程，并对过程有控制和改善的功能。

第五，绩效管理是团队参与的管理，它要求管理层与执行层一起参与。

建行尊重绩效管理理念，坚持推广该理念，强化该理念，打造属于建行的绩效管理体系。

二、重视绩效考核过程

许多企业管理者认为结果比过程重要。反过来讲，如果没有好的过程，又如何能产生好的结果呢？结果要尊重逻辑和因果关系。事实上，许多经营不善的企业，不仅结果差，管理过程也是漏洞百出。建行是一家重视绩效考核过程的金融企业，建行的管理者深知，只有将过程和结果摆在同等重要的位置，才能有好结果。坚持考核过程与考核结果同等重要，是建行在绩效管理中所做出的积极尝试。

三、重视绩效管理的改善功能

就像前面提到的，绩效管理的核心思维是永无止境的创新和改革。换言之，绩效管理应该给商业银行的管理赋能，而不是一味强调奖励和惩罚。如今，许多企业组织引入绩效管理的目的就是惩罚，甚至连奖励都忽略了。员工完成绩效指标，不被惩罚；员工完不成绩效指标，就会被惩罚。这种做法，不仅令员工寒心，也无法体现绩效管理的改善功能。建行就十分重视绩效管理的改善功能。建行开展绩效管理的一个重要目的就是优化管理，改善管理，提升管理能效，从根本上治疗管理疾病。

四、重视其他核心工作的考核

虽然许多企业重视绩效考核，但是盲目追求一种简单的、直接的量化指标，仿佛只有量化的指标才能被考核，只有可量化的指标才具备考核的价值。这样的观念是不对的。真正意义上的绩效管理，是对可量化的指标和不可量化的指标都进行考核管理。绩效管理不是某个方面的管理，而是一种全盘管理。建行重视 KPI 考核，与此同时重视一些不可量化的核心指标，重视其他核心工作的考核。只有这样，才能体现绩效管理的价值。

五、重视绩效沟通

不少企业内部都有打分表，员工参与打分，企业依照分数给出相应评价。事实上，这样的做法无法体现绩效管理与绩效考核。真正的绩效管理绝非仅靠一张表就能完成的，而是通过绩效沟通解决问题。建行重视绩效沟通，通过绩效沟通了解问题、解决问题。

以上五个方面，就是建行在绩效管理方面做出的努力。绩效管理具有赋能作用，让绩效管理充分发挥赋能作用，是商业银行开展绩效管理的终极目标。

建行绩效管理机制的完善策略

绩效管理是一种赋能管理，企业需要绩效管理，商业银行也不例外。绩效体现了结果和效率，是成绩和能效的结合，成绩就是结果，实行绩效管理的第一个目的就是提升成绩；能效就是功能和效果，实行绩效管理的第二个目的就是改善功能，提升效果。在我国，许多企业都在采用绩效管理。

其实，绩效管理是人力资源管理中的一个重要环节，或者可以说是其中的一个重要模块。无论绩效管理如何变化，企业都要以人为本。绩效管理，管理的是人，只有管好人，才能管好事、物、财。以阿里巴巴为例，阿里巴巴的绩效管理有自己的特色，它将价值观纳入绩效考核体系中。阿里巴巴集团的价值观考核具体包括以下几项。

第一，客户第一。

第二，团队合作。

第三，勇于创新。

第四，诚实守信。

第五，乐观向上。

第六，精益求精。

或许有人好奇地问："如果某位员工领悟了价值观，但是业绩较差，又该如何对其进行考核和评价呢?"实际上，如果一名员工能够做到以上六项，是能够做出业绩的。可以说，以上六项是商业银行员工必须要认同的。建行的绩效管理机制，几乎围绕着以上六项进行，建行逐一根据自身情况加以完善。

一、客户第一

建行是一家非常重视客户的企业，客户第一也是其企业文化的重要内容。建行树立了客户第一的核心价值观，并将该价值观践行到绩效管理之中，让建行的员工深刻领悟客户第一的内涵，使全体建行人树立客户第一的意识。绩效管理绝不是为了考核而考核，而是为了让企业发展更好。为了践行客户第一的价值观，建行对员工提出了以下几点要求：一是工作人员尊重客户，急客户之所急；二是工作人员坚持微笑服务，绝不能与客户发生冲突；三是工作人员能够在坚持自己立场的前提下换位思考，给客户提供更好的服务；四是工作人员肩负责任，为客户服务到底，对客户负责到底。将客户第一理念纳入考核，也是建行对工作人员的要求，以此倒逼出员工对客户负责任的态度。

二、团队合作

建行非常重视团队搭建和团队合作，要求全体员工精诚合作，树立一盘棋意识。建行的公私联动业务开展得比较好。公私联动是一种团体协作的体现。如今，许多商业银行也在开展公私联动活动，要求团队成员有合作精神，并将团队合作写进绩效管理体系。团队建设是商业银行的发展基础，也是构建绩效管理体系的主体框架。任何管理的主体都是人，团队是由人组成的。商业银行通过绩效管理可以提升团队凝聚力和战斗力，是非常有价值的。建行的绩效考核分为两部分，一部分是人，另一部分是以分支银行和营业网点为主的组织单位（组织单位即团队单位）。

三、勇于创新

绩效管理的优化，功能的不断改进，对应着商业银行的创新。建行打造的绩效管理系统，是一套改进系统，系统在不断升级，相应的功能也在升级。建行的创新依赖绩效管理。绩效管理的评价，就是查找问题；绩效管理的改进，就是对管理流程和其他流程的升级。升级，就是另一轮的赋能。正因如此，建行在同行队伍中走到了前列，跻身世界顶级银行行列。只有勇于创新，商业银行才能实现长期发展。

四、诚实守信

诚信是社会主义核心价值观之一，也是开展商业活动的先决条件。建行早已经把诚信写进了绩效管理体系内，把员工诚信当作一个重要的指标进行考核。诚信者刚正不阿，不为利所动，能够做到表里如一，坚持原则；诚信者是直言不讳的，不会“绕来绕去”；诚信者是不会落井下石的，不做损人利己之事。诚信者能够承担自己的责任，做到自己的事情自己扛。诚信者对企业、组织也保持诚信，听从上级安排，不做损害企业利益之事。

五、乐观向上

乐观向上是精神层面上的。绩效管理不仅需要考核人的行为，还要考核并管理人的情绪。建行积极打造和谐建行，需要一群积极向上、充满活力的人参与。在打造和谐建行方面，建行积极为员工营造和谐的工作氛围，家庭般的晋升环境。建行在推行企业文化的同时，帮助员工摆脱思想上的束缚。只有提升员工的精神属性，才能从根本上调动员工的工作积极性，提高绩效。

六、精益求精

前面介绍过建行的精细化管理。如今，建行将精细化管理与绩效管理相结合，打造精品银行。精益求精体现在服务上的专业，客户体验上的舒适，金融解答上的权威，管理处处到位、消灭管理死角等方面，建行对管理工作的精耕细作，也换来了良好的管理成绩。

建行做好了以上工作，逐渐完善了绩效管理机制，打造了绩效管理体系，为未来的发展打下良好的基础。

建行全员全产品绩效管理法

每一家企业都有自己的绩效管理方法，有的企业选择 KPI 考核，有的企业选择360度绩效管理法，还有的企业选择平衡计分卡等。不同的绩效管理方法都有其自身的特点。比如许多企业正在使用KPI考核，但是，有的管理效果好，有的管理效果不好。某种绩效管理法在一家企业很成功，不代表其在其他企业组织就能成功。如同医生开药方一样，医生需要对症下药。商业银行管理者要熟悉市面上常见的绩效管理方法，这些方法不一定奏效，但都有一些值得借鉴的地方。商业银行管理者研究绩效管理方法，也是为了深入了解、熟悉绩效管理。

一、常见的绩效管理方法

商业银行离不开绩效管理，绩效管理是确保商业银行出海的前提条件。因此，商业银行管理者应该了解并熟悉常见的绩效管理方法，培养绩效管理的意识，用绩效管理去提升商业银行的管理质量。常见的绩效管理方法有KPI考核、平衡计分卡、360度绩效管理法、目标管理法。

1. KPI考核

KPI考核通过对组织内部流程的输入端、输出端的关键参数进行设置、取样、计算、分析来衡量流程绩效，是把企业的战略目标分解为可操作的工作目标的工具，是企业绩效管理的基础。KPI考核具有三大特性，即系统性、可控性、导向性。但是KPI考核常被人诟病，存在较大的缺陷。

2. 平衡计分卡

平衡计分卡是我国商业银行应用较为广泛的绩效管理方法，该方法是卡普兰和诺顿于20世纪80年代共同提出的，其核心思想是，通过财务、客户、内部流程、学习与成长四大指标构成相互驱动的因果关系，以此展现企业战略实施和战略优化的过程。平衡计分卡也存在缺陷，其对商业银行的工作人员要求很高，且工作量大，并不适应时代的发展。

3. 360度绩效管理法

该方法是美国人爱德华·埃文提出的，是一种多维的绩效管理方法。这种方法的优点是，考核较为全面，可以消除某个人在团队中的光环作用，有助于被考核者的综合能力全面提升。这种方法的缺点是成本高，需要企业制订周密的培训计划。

4. 目标管理法

目标管理法是管理学大师彼得·德鲁克提出的，也是当今世界应用极为广泛的绩效管理方法之一。彼得·德鲁克在《管理的实践》中写道："企业的目的和任务必须转化为目标。企业如果无总目标及与总目标相一致的分目标，来指导职工的生产和管理活动，则企业规模越大，人员越多，发生内耗和浪费的可能性越大。"目标管理法是一种基础方法，需要结合其他绩效管理方法来使用，它更多充当了工具的角色。

以上四种方法优缺点都很明显，许多商业银行从中借鉴，取其精华，去其糟粕。不同的商业银行的企业环境不同，人员结构不同，企业文化也不同，商业银行除了借鉴外，还要打造独具特色的绩效管理方法。例如，建行的绩效管理方法非常有特色，它叫全员全产品绩效管理法。

二、全员全产品绩效管理法

全员全产品绩效管理法是一种基于商业银行自身特点形成的绩效管理方法。建行运用全员全产品绩效管理法多年，取得了不错的管理成效。全员全产品绩效管理法有两个转型，即从组织驱动向个体驱动转型和从结果管理向行为管理转型。从组织驱动向个体驱动转型，就是打造一个与内涵发展模式相匹配，并且面向每一个潜在业绩贡献点的、更为精细的管理体系。它体现在绩效管理层次上，而且需要从分行级、支行级绩效考核下探到岗位绩效考核、员工绩效考核，将业绩驱动力由组织推动变为全员拉动。从结果管理向行为管理转型，就是将管理工具开发的初始命题由要员工做转变为员工要做，从跑马圈地到精耕细作，要想提高“单亩产量”就必须做好播种、发芽到结穗的环节。对应到绩效管理中，就是要在注重业绩结果的同时进一步加强行为管理的力度。建行的全员全产品绩效管理法的两个转型，体现了建行深耕管理的决心。建行的全员全产品绩效管理法的设计，主要包括三个重要环节，即定锚、定纲和定价。

1. 定锚

所谓定锚，就是明确核心目标，即全员全产品绩效管理是银行战略的管理核心，并且紧紧围绕着银行核心诉求展开。建行提升服务价值，履行社会责任，打造银行品牌。建行根据国务院国有资产监督管理委员会、财政部和发改委的要求，在竞争行业的商业类央企应突出资本回报的考核要求下，兼顾资深战略指标，突出价值创造，以风险调整后的收益作为方案设计和效果评估标尺，提升价值创造能力。

2. 定纲

定纲的核心是设定产品目录。按营销工具类型，产品目录可分为产业链、现金池、税费通等；按客群，产品目录可分为政府平台、生产银行、个人客户等。由于清分口径的多样性，产品目录会出现边界不清、资源重复配置的问题。根据科斯定理，要实现资源配置的帕累托最优就必须有明晰的产品划分。建行是怎么做的呢？建行选择以面向管理的基础属性产品为目录主体。其中，基础属性产品能够满足客户需要，以金融工具为载体，通过各种渠道向客户提供，并且能够获取实际或潜在收益，是具有契约性质的商品或服务。面向管理，建行根据内部组织架构进行无交叉的维度清分，如同期贷款中的不同客户类型，是一项业务的处理交易在不同部门、不同岗位间的拆分。

3. 定价

定价即产品单价测算。在全员全产品绩效管理法所构建的内部市场里，产品（服务）价格处于核心位置。银行核心目标、管理模式不同，产品定价的方法也会有所不同，常见的定价方法有按利润与薪酬关系定价、按关键业绩指标和平衡计分卡定价、分板块自主定价、按成本控制目标定价等。建行参照三大核心系数，即存量与增量倍比系数、板块系数、基准回报率，进行科学定价，继而实现绩效资源的合理配置。

总之，建行的全员全产品绩效管理法值得推广，也值得其他商业银行去借鉴学习。对于一个企业组织而言，管理与绩效是分不开的，与其将二者分开，倒不如合二为一去做。

建行数字化绩效管理体系

数字时代，管理模式与服务方式都发生巨大的变化。传统的商业银行遇到了新科技，不应该绕道而走，而是应该选择与其进行联手。正如世界货币的演化史，从古代的原始货币到后来的金属货币，从金属货币到纸币……时代的发展与进步，会催生出演变和更替。因此，传统的商业银行应该拥抱变革，大胆创新，将新兴科技融入管理场景。

建行是一家致力于数字化金融科技发展的银行。建行不仅拥有自己的大数据中心，也将金融科技与服务相结合，为客户提供更加人性化、科技化的服务。后台管理方面，建行更是将数字化科技运用到各种管理之中。李玉敏在新浪财经发表了一篇名为《建行尝到数字化甜头，坐稳最大零售信贷银行“宝座”》的文章，文章写道：“发力C端（终端）客户，正是该行（建行）第二发展曲线的应有之义。建行这样的大行做零售，这背后也离不开科技的支撑。刘桂平在回答记者提问时表示，‘我们希望通过数字化经营赋能第一曲线，成就第二曲线’……建行的三大战略之一就是‘金融科技’战略，该行零售业务的快速发展也得益于金融科技的保障。2020年为适应疫情防控带来的线上金融服务需求，建行大力创新推广数字化经营与服务。设立数字化建设委员会，完善数字化经营体系，将数据融入经营管理全流程，‘建生态、搭场景、扩用户’，敏捷迭代响应市场，主体业务取得历史性突破，客户基础不断夯实。”正如文中所讲，建行尝到了数字化技术的甜头，也会将数字化技术运用到更多场景中。

商业银行哪一方面的管理是费时费心的呢？许多人都会想到绩效管理。是的，绩效管理是一项技术含量较高、占据资源较多的管理项目，绩效又恰恰是每一家商业银行所追求的东西。如果能够将数字技术运用到绩效管理中，或许就会解决绩效管理曾经遭遇的成本问题、道德问题、风险问题，并且给未来的商业银行的管理提供一个范本。建行深耕数字技术，提出并打造了数字化绩效管理体系。

一、数字化绩效管理体系的意义

早在2014年，建行官网就刊发了一篇名为《把握数字化发展机遇 积极推动建设银行战略转型》的文章，文章提出：一方面，通过企业级数据建模、数据架构以及数据仓库建设，重点解决当前数据存在的“缺、重、散、慢、繁、差”六个方面的问题，建立起企业级信息应用服务流程，并针对不同的服务对象和应用领域，提供挖掘模型、数据实验室、决策仪表盘等六种信息应用模式，支持全行跨业务领域的信息需求。另一方面，探索大数据在客户服务、风险管控、财务成本、运营管理等各领域的数字化、智能化应用方向，满足全行日益增长的精准营销和精细化管理需要。数字化技术不仅可以解决问题，而且可以为商业银行赋能，满足商业银行（包括建行）的管理需求和营销需求。因此，数字化技术将会让绩效管理变得更加简单、纯粹、高效。

1. 简单

在当今社会，追求简单是一种趋势，也是对大道至简理念的践行。可以说，任何事物，只有让其简单化，才能体现其本质。扔掉各种各样的繁文缛节，可以让管理变得更简单，让管控的摩擦力变得更小，让更多人去做其他事情。

2. 纯粹

管理需要净化，在复杂的企业组织环境中，是难以开展管理工作的。如果有这样一门技术可以让管理环境变得简单，岂不是意义巨大？管理的纯粹性决定管理的成功性。

3. 高效

复杂的管理环境，乱七八糟的人际关系，考核不看指标只看“关系”，甚至某些人为了打击报复在绩效方面做文章……种种因素都会拉低管理的效能。很显然，数字化技术可以代替一部分人力，把道德交给“机器”，反而让管理更加高效，阻力更小。

二、建行的数字化绩效管理体系

建行坚持数字化建设，愿意尝试将数字化技术嵌入各种管理环节中，包括绩效管理在内。建行是如何打造数字化绩效管理体系的呢？

1. 加大资源投入

做任何事情，都需要投入。建行在数字化绩效管理体系的搭建方面，持续不断进行投入。建行自 2002 年年底，几乎每年都增加预算，全心全力支持业务转型、产品创新、物理网点和电子银行渠道建设；拓展自助渠道，建立功能互补、触角延伸的自助服务网络；

支持以智慧柜员机为代表的经营渠道转型和自助渠道建设。金融科技的投入，资源的逐渐完善，为建行打造数字化绩效管理体系奠定了基础。

2. 打造数字平台

如今，几乎所有的银行都有这类平台。平台是什么？是处理中心，也是“大脑”。建行打造的数字平台，不仅用于绩效管理，还用于其他方面的管理和服务。当下，建行的新一代系统从根本上颠覆了过去的部门级 IT 系统建设模式，实现了向银行级研发模式的转型。截至 2017 年 6 月，建行全部实现了平台的主体功能，完成在全国范围内 37 家分行、15000 个网点及全部电子渠道的部署和推广，向世人展现了风采，并且建行内部已经建成新一代核心系统，建成国内金融行业规模最大的私有云。

3. 引入 AI 技术和大数据技术

AI 技术就是人工智能技术，大数据技术与数字化建设息息相关。人工智能技术和大数据技术是商业银行打造数字化金融和数字化管理的重要技术。建行智能客服“小微”是建行全力打造的多渠道、全方位、智能化平台，它可以直接与用户进行智能化人机交互。如今，“小微”已覆盖低成本、高效率的客户服务。与此同时，建行通过大数据技术建立全行物理渠道信息综合管控，实现了智能网点的综合管理。此外，建行成立了大数据分析中心，构建大数据实时在线查询分析处理模块，对客户进行精准画像，继而实现精准营销。

除此之外，建行加大数字化人才引进和智库搭建力度，如今已初显成效。商业银行只有顺应时代发展，不断进行创新，才能走到行业前列。

大资管时代建行绩效管理探析

近几年，大资管频频登上热搜，什么是大资管？大资管是资产管理行业的一个泛指。大资管时代更多强调融合和打破界限，相关企业不再局限于银行、证券、保险、信托、期货、基金。

大资管的“大”有何含义呢？所谓“大”，可以有多方面的解读。一是中国拥有宽阔的市场和体量巨大的客户群体，无论是市场，还是资本端，都可以被称为大；二是市场的开放性，以及金融企业之间的竞争，将业务门槛降低，这使得普惠金融成为诸多金融企业的主要业务之一，金融业务更加普罗大众化；三是诸多金融企业开始跨行业，用中国人民大学法学院副院长杨东的话说：不仅是证券、保险、银行、基金、资管内部的金融大混业，更体现在产业和金融的高度融合，从资产端到资金端、从产品到投资者，这样的跨界行为是一种趋势。

互联网时代，更是让大资管时代提前到来。大资管与互联网存在着紧密的关系。互联网本身具备一种跨界的特点，恰恰给中国的金融企业提供了便利。因此，“互联网 + 大资管”就出现了。在这样的时代背景下，建行也在深入学习，寄希望于在这样的时代进行创新和变革，以此适应大资管时代。

一、大资管时代下的变

大资管时代是一个变革的时代，变是这个时代的特点，商业银行只有从中找到变的规律，才能做好新时代背景下的绩效管理工作。

1. **市场之变**

大资管时代到来，中国的商业银行、保险公司、信托公司以及新兴的互联网金融企业纷纷布局，在一个更加开放的市场内竞争，这就导致了市场之变。变化的市场，更加需要中国的商业银行（包括建行）转变理念，从“向内看”转向“向外看”。市场之变，带来了视野之变。

2. **管理之变**

传统的商业银行绩效管理是简单明确的，不同的岗位都有不同的指标。大资管时代到来使商业银行的经营结构、经营产品和经营服务都发生巨大的变化，进而带来更多的新产品、新服务、新部门、新岗位，部门与部门的合作也发生变化。因此，商业银行的管理将会发生巨大的变化，尤其是绩效管理。

3. **业务之变**

市场变化了，管理也就随之发生变化。变化的根本原因是业务发生了变化。传统的商业银行开始布局保险、信托、基金、证券等业务。传统存款业务比例下降，而其他中间业务不断发展。业务变了，商业银行与业务相关的资源配置都要跟着变，人力变，财力变，技术变。

4. **风险之变**

对于商业银行而言，始终存在传统的“三大风险”。随着大资管时代的来临，商业银行面对的风险也有了变化。过去，商业银行的风险主要在内部，只要加强内控，就能降低风险；如今，商业银行的风险主要在外部，商业银行既要抓内控，还要打造“外防风险”的策略。

二、大资管时代建行的绩效管理

时代在变，商业银行的管理方式也要变。“以不变应万变”已经过时了，全新的市场，全新的环境，全新的政策，迫使商业银行做出改变。建行是一家紧跟时代步伐、能够抓住时代脉搏的商业银行，因此建行也有自己的做法，具体包括以下几个方面。

1. 坚守

所谓坚守，就是坚持以目标为导向的管理。换言之，目标管理的思路在任何一个时代都不过时，目标管理仍旧是经典的、奏效的，是商业银行开展绩效管理的基础。

2. 约束

约束是指对钱、权、人的约束。约束钱，就是进一步加强资本管理，提升资本的回报水平；约束权，就是让权以企业利益为重，企业利益至上，有效杜绝道德风险和操作风险带来的影响；约束人，就是让人人都在自己的工作范围、职权范围内做该做的事情。约束不是目的，而是为了让绩效管理落实得更好、更有力度。

3. 创收

大资管时代，商业银行的业务发生了变化，各个金融市场服务与产品的壁垒正在消失，银行之间的竞争更激烈。建行抓住先机，开展多项业务，加强联合营销，为建行创收，并在绩效管理中对创收有所侧重。

4. 激励

激励也是永恒的，任何时代，企业都要对自己的骨干员工进行激励。骨干员工就是重要岗位上的重要工作人员，他们肩负着银行的责任和使命。因此，商业银行要坚持对骨干员工的激励，给他们打造“个人蓝图计划”，陪伴他们成长。

如今，建行已经取得了阶段性的成功，成功离不开建行的各种管理和各种举措。无论时代发展到哪里，对变与不变都要进行详细分析，然后找到解决问题的办法，才能解决商业银行的绩效管理问题，甚至解决整个银行业的综合管理问题。